KB118034

열두 달 부산 진미

1월

○ 기장 대게
○ 대구
○ 명지 갈미조개
○ 씨앗호떡

2월

○ 돼지국밥
○ 완당

3월

○ 기장 햇 생미역
○ 미역귀

★ 밀양 삼랑진벚꽃축제를
　 놓치지 말 것.

4월

○ 기장 멸치
○ 가덕도 숭어
○ 깡통시장 비빔당면

★ 가덕도 숭어들이 축제가
　 있다. 벚꽃 구경 후
　 부평 깡통시장에 앉아
　 솔솔 부는 봄바람을 맞으며
　 비빔당면을 먹으면 꿀맛.

5월

○ 삼락동 재첩국
○ 꼼장어
○ 낙동강 웅어와 청게

6월

○ 암소갈비
○ 아귀찜

7월

○ 동래파전
○ 금정산성막걸리
○ 밀면

★ 장마철에는 빗소리를
  벗 삼아 파전에 막걸리,
  날 더울 땐 시원한 밀면.

8월

○ 우무묵 넣은 콩국
○ 제피 넣은 추어탕

★ 7, 8월은 제피 수확철이다.
  제피 팍팍 넣은 추어탕은
  보양에 그만.

9월

○ 조내기 고구마
○ 조방 낙지·낙곱새 볶음

10월

○ 고등어회
○ 계란 프라이 없은
  간짜장
○ 구포국수

★ 속담에 "가을 고등어는
  며느리도 안 준다"는데.
  10월 부산 고등어 축제,
  부산 차이나타운 축제,
  구포나루 축제가 있다.

11월

○ 밀양 얼음골 사과
○ 납세미(가자미)
○ 수제 양갱

★ 밀양 얼음골 사과 축제가
  열린다. '밀양시티투어
  (동부권 코스)'를 신청하면
  한천박물관까지 투어 가능.
  참고로 한천 말리는
  진귀한 풍경은 한겨울에만
  볼 수 있다.

12월

○ 부산어묵
○ 복국
○ 대구탕
○ 대선소주

★ 12월 경남 거제 외포 대구
  축제가 있다. 복국엔 식초를
  살짝 곁들이자.
  한층 탱글탱글한 생선살의
  탄력을 입안 가득 느끼리라.
  둘러앉아 한 해를
  마무리하는 데 소주만한
  친구가 있을까?

부산미각

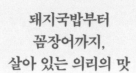

돼지국밥부터
꼼장어까지,
살아 있는 의리의 맛

부산미각

최진아
김명구
김경아
외 지음

문학동네

서문 09

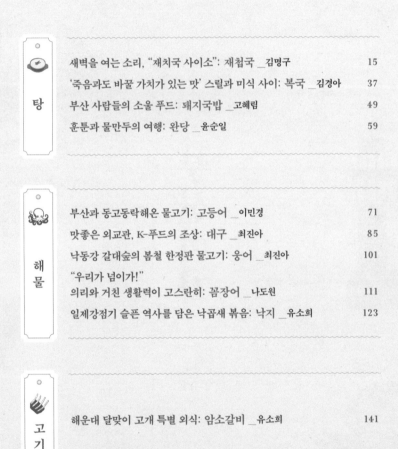

일러두기

고유명사 표기는 국립국어원 어문 규정을 따랐으나 일부 사투리와 옛말, 음식명은 고유의 느낌을 살리고자 통용되는 명칭을 허용했다.

세상에서 가장 맛있는 부산 이야기

부산의 옛 이름인 동래는 동쪽 신선의 세상인 봉래蓬萊의 약칭이다. 이곳은 신선 세상인 만큼 예로부터 풍광이 수려하다. 굳세고 울창한 산과 푸르고 넓은 바다가 공존하는 곳이기에 물산 또한 풍성하다. 또한 이곳은 우리 역사에서 외세의 침략이 시작되는 지역이자 외래의 문화가 들어오는 입구다. 그래서 대륙과 해양의 문화가 충돌함과 동시에 그 문화가 모이는 허브가 된다. 이제껏 서울과 기호 내륙 지역 중심으로 흘러온 역사문화 속에서 부산은 중심이 아닌, 먼 외지였다. 그러나 문화 허브라는 관점에서 본다면 부산이야말로 중심지다. 부산의 문화는 모든 것을 한데 넣고 끓여내는 커다란 가마솥과 같기에 '가마솥 부釜' '뫼 산山'의 이름 그대로 대륙과 해양을 통 크게 품는다.

식탁 또한 특별하다. 부산의 식탁은 대륙과 해양의 미각을 거침없이 차려낸다. 그 안에는 저멀리 북방 초원의 유목민족이 즐기던 농축된 맛과 바다 건너 일본 어느 시골의 소박한 맛이 모두 담겨 있다. 바다의 물산을 내륙으로 귀하게 전하려는 마음과 힘겹고 곤궁한 전쟁 상황에서도 서로를 닮아가며 만들어낸 융합의 미각도 펼쳐져 있다. 수탈의 고된 역사 속에서 버려진 것들을 오히려 되살려낸 창의적인 미각이 있으며 지금은 안타깝게 사라져가는 맛도 존재한다. 혹은 동일한 재료가 부산에서는 중국, 일본과 다르게 활용되기도 하고 중국, 일본을 통해 유입된 음식이 부산에서 새로운 미각으로 탄생하기도 한다. 이처럼 『부산미각』은 문화 허브 도시 부산의 음식에 담긴 다채로운 이야기를 풀어낸다. 이에 책의 차례는 부산의 여느 음식점에서 흔히 만날 수 있는 차림표처럼 구성했다. 세상에서 가장 맛있는 부산을 경험하고 싶은 독자들은 마치 음식을 주문하듯이 『부산미각』의 차림표를 보며 이 책을 맛보아주면 된다.

『부산미각』은 어떻게 읽어야 가장 맛있을까? 책을 만난 독자들이 비교문화학이라는 거창한 학문으로 읽어낸다면 참 멋질 것이다. 그 가운데 우리 안에 존재하는 다른 문화를 새롭게 발견하여 지금의 우리를 살지게 만들 수 있기 때문이다. 책을 읽으며 절로 도는 군침을 삼킨다면 이 역시 아주 좋다. 그리고 높낮이의 울림이 담긴 부산 지역어의 청량감 있는 말소리까지 상상해낸다면 금상첨화다. 무엇보다도 이 책으로 인해 독자들이 부산의 미각을 직접 경험하고자 부산으로 향하는 여정을 시작하면 좋겠다. 본래 신선세상은 속세와 좀 떨어진 먼 곳에 있어야 제격이지만 이 책은 동쪽 봉래로 가는 특급 티켓이 될 수 있으니 말이다.

이 맛있는 책의 원천은 부산의 재래시장 구경을 즐기면서부터 시작되었다. 시장에 진열된 수많은 식재료들, 그것을 음식으로 만들어내는 일상에 담긴 대륙과 해양의 이야기를 너무도 풀어내보고 싶었다. 그 과정에서 동아시아 전통 시기의 한자로 된 문헌을 자유롭게 다룰 수 있는 부산대학교 중어중문학과 학연의 저자들과의 만남이 큰 도움이 되었다. 재능 넘치는 저자들은 자신들이 사랑하는 부산의 음식을『부산미각』이라는 식탁 위에 가득 차려냈다. 그래서 이 책은 전문성도 갖췄지만 부산에 대한 자부심으로 가득하다. 편집자인 구민정 선생님과의 즐거운 협업도 절대 빼놓을 수 없다. 2019년 출간한『중화미각』이후로 특별한 장소성과 그에 걸맞은 음식이라는 관심을 공유했고 더욱 의기투합해 이 책을 출간하게 됐다. 그 과정이 즐거운 모의의 시간이었음을 밝혀둔다.

자! 이제 부산의 식탁으로 여러분을 초대한다. 이 책을 읽고 머리는 지식으로 충만해지길, 나아가 부산음식을 맛보며 함포고복含哺鼓腹의 뿌듯함을 경험하길 바란다. 무엇보다 우리 안의 대륙과 해양을 한껏 품어내는 풍성한 독서가 되길 기원하며.

2024년 새봄
저자를 대표하여 최진아 쓰다

탕

재첩국

새벽을 여는 소리, "재치국 사이소"

음식을 기억하는 방법은 다양하다. 맛이나 냄새, 시간이나 날씨, 사람이나 분위기. 그중에서 무엇보다 기억에 깊이 자리잡게 만드는 것이 바로 '소리'다.

소리로 기억되는 음식

소리로 기억되는 음식은 참으로 많지만, 그중 으뜸은 아마도 재첩국일 것이다. 투박하지만 정감 있는 부산 사투리에 섞여 아무렇게나 막 끓여온 국이 이토록 머릿속에 자꾸 떠오를 수 있을까? 부산 재첩국은 정말로 그러하다. 지난 시절 아침마다 좁은 골목을 돌면서 "재치국 사

1960년대 새벽 첫차를 타고 시내로 향하는 재첩국 아지매 ⓒ 김광성

이소~"를 외치던 '재첩국 아지매'. 목안에서만 맴도는 소리를 밖으로 내뱉으며 묻어나온 절박함이 비릿한 냄새와 한데 어우러져 온 동네에 울려퍼진다. 그 목소리만 들으면 먹지 않아도 입안에 이미 구수하고 배틀한 강물의 맛이 감도는 듯하다. 아침마다 재첩국 한 사발씩 들이켜며 속쓰림을 달랬던 아버지, 잠이 덜 깬 눈을 비비며 재첩국 한 그릇에 밥 말아 먹던 어린 시절은 "재치국 사이소~" 외침으로 머릿속에 단단히 새겨져 있다. 그 시절 부산 곳곳에서 흔히 볼 수 있던 우리네 아침 일상이었다.

재첩국 아지매는 꼭두새벽부터 덜컹거리며 낙동강으로 달려가는 첫 버스에 몸을 싣는다. 희뿌연 모래 물이 뚝뚝 떨어지는 재첩을 받아와서 정성 들여 씻어내고 큰 솥 한가득 몇 번을 끓여낸다. 아지매의 손을 스쳐 새로 태어난 재첩국은 뽀얗고 말간 국물에 푸른빛이 살짝 돈다. 재첩국이 담긴 동이를 머리에 이고 목청을 가다듬으며 재첩국 아지매는 잰걸음으로 이 동네 저 동네로 달려간다. 동이에 덮어놓은 비닐에 내려앉은 물기를 살포시 털어내고 안개 자욱한 거리를 재빨리 헤쳐나가면 발걸음마다 피어오르는 냄새가 회오리처럼 돌고 돈다. 그 깊이를 알 수 없는 강물처럼 푹 잠긴 목소리가 차가운 새벽에 너울거리며 퍼져나간다.

구포 다리를 건너 하단下端에서부터 이고 온 함석 동이에는 아직 채 식지도 않은 재첩국이 담겨 있다. 똬리를 짓누르는 동이가 미끄러져 내려올까봐 몇 번이고 고쳐서 이는데, 발걸음은 자꾸 처지기만 한다. 그러다 동네 사람들이 아침상을 이미 물렸을까 하는 걱정에 걸음걸이는 다시 빨라지는데, 속절없이 빈 쌈지는 바짓가랑이에서 자꾸만 흔들거린다. "재치국 사이소~" 외치는 소리가 골목을 한 바퀴 훑고 지나가자, 동네 아주머니들은 저마다 대문 앞에서 양은 냄비를 들고 목을 빼고서 기다린다. 재첩국 아지매가 저멀리서 "사이소~" 소리와 함께 다시 돌아오자, 여기저기서 "재치국요!" "재치국요!"를 연신 외쳐댄다. 재첩국 아지매는 급한 마음에 걸음을 재촉하지만 자칫하다가 동이를 엎어 하루 장사를 망칠까봐 마음이 조급해진다. 조심스러운 걸음으로 문 앞에 닿자, 이때부터 재첩국 아지매와 동네 아줌마들의 눈치 싸움이 시작된다.

　국자로 밑바닥을 휘휘 저어서 재첩 건더기를 많이 달라는 사람, 건더기와 국물을 살짝 섞어서 국물을 더 달라는 사람…… 이 싸움의 1차전은 여기서 끝나지 않는다. 재첩국 아지매는 항상 '정구지'를 가지고 다녔는데, 일종의 고객 서비스로 한 줌씩 떼어주곤 했다. 정구지도 많이 받고 싶은 동네 아줌마들은 재첩국 아지매 손을 눈여겨 쳐다보기만 한다. 그때 동네 아줌마의 마지막 일격, "다음에도 여기서 살게요!" 그 한마디에 재첩국 아지매는 다시 정구지를 한 움큼 더 건네준다. 그러면서 늘 입에 달고 사는 "남는 게 없다"는 말을 푸념처럼 늘어놓는다. 동네 아줌마는 재첩국 아지매에게 완벽한 승리를 거두었다고 뿌듯해하며 재첩국을 담은 냄비를 안고서 집으로 들어간다. 재첩국 아지매는 재첩국 동이를 다시 머리에 이고서 재첩국 사라고 외치며 또 다른 선수를 찾아서 멀리 사라진다. 그 시절 아침마다 "재치국 사이소!" 소리와 함께 기억되는 추억의 풍경화다.

세상에서 가장 작은 민물조개

재첩은 민물조개 중에서 가장 작은 조개다. 그 크기가 작아서 주로 국으로 끓여 먹는다. 재첩은 낙동강이나 섬진강 지역에 널리 서식하고 있다. 특히 민물과 바닷물이 만나는 기수汽水 지역인 낙동강 하류에서 자란 재첩이 맛이 좋다. 낙동강 하류는 물에 소금기가 알맞게 배어 있어 맛있는 재첩이 자라기에 더없이 좋은 환경이다. 낙동강 중상류로 갈수록 재첩이 퍽퍽해지면서 맛이 떨어지는데, 그 이유는 민물의 간섭이 크기 때문이다. 재첩이 비록 민물에 사는 조개류지만, 적절하게 바닷물이 유입되면 민물에만 사는 조개보다 오히려 육질이 단단해져 식감이 쫄깃해진다. 외부의 치명적인 자극에 도태되지 않고 잘 적응하여 자라는 낙동강 재첩은 다른 지역 재첩보다 훌륭한 맛을 자랑한다. 맹숭한 맛에 짭조름함이 입혀진 낙동강 재첩은 모래 더미보다는 진흙 뻘밭에 자란 까무잡잡한 게 훨씬 맛이 뛰어나다. 예전에는 낙동강에 가면 발에 밟히는 것이 모두 재첩이었다. 강 안쪽으로 들어가지 않고 강가에서 바닥을 조금만 긁어내도 무더기로 건져올릴 수 있었다. 재첩은 하룻밤에 삼대를 본다고 할 정도로 번식력이 뛰어나다. 또한, 깨끗한 물에서 잘 살고 오염된 물에서는 살지 못한다. 비록 진흙 모랫바닥에 파묻혀 살지만, 재첩은 오히려 맑고 순수한 맛을 지니는 몇 안 되는 생물이다.

재첩을 깨끗한 물에 해감하고 불순물을 걸러낸 후 끓여낸 국이 재첩국이다. 강가에서 생활하던 서민에게 재첩은 조리 방법이 간단하고 더없이 쉽게 얻을 수 있는 식재료였다. 당일 건져올린 싱싱한 재첩으로 끓인 재첩국은 인근 지역으로 빠르게 팔려나갔다. 재첩국의 원조는 '부산 재첩국'이라고 할 수 있다. 부산 재첩국이 이렇게 유명해진 이유는 예전에는 낙동강 하류가 오염되지 않아서 재첩이 잘 자랐고, 민물과 바닷물이 적당히 섞여 만나는 하류에서 자란 재첩의 육질과 맛이 뛰어났기 때문이다. 그러나 무엇보다도 재첩국이 널리 알려진 것은 대도시 부산이 인근에 자리했기 때문이다. 생산과 소비가 함께 이루어지며 재첩국은 단숨에 크게 유행했다. 경제와 생산 활동이 열악하던 시절에 재첩국은 사람들의 힘겨운 삶을 위로해줄 유일한 음식으로 자리잡았다. 뽀얗게 우러나온 국

부추를 곁들인 재첩국

간장에 각종 양념을 넣고
조려낸 재첩

물과 통통한 재첩 살, 부추를 곁들인 재
첩국은 어떤 까다로운 입맛도 사로잡
을 만큼 담백하고 훌륭했다.

도시가 성장하고 인구가 유입되
면서 부산 재첩국은 더 널리 사랑받았
다. 그러나 낙동강 하굿둑 건설과 공업화
로 인해 환경이 오염되면서 재첩이 더이
상 낙동강에서 자라지 않자, 그렇게 흔하
게 먹던 재첩국은 점차 사라지고 다른 음식이 그 자리를 채워나갔다.
지금은 섬진강 부근에서만 재첩이 생산되는데, 최근에는 그 종자를
가져와 낙동강 일부 지역에 뿌려서 키우려 노력중이다. 하지만 생산
량이 적어 먹기도 쉽지 않을뿐더러 외국산 재첩이 대량으로 들어오기
도 하고, 다양한 음식이 재첩국의 자리를 대신하기도 했다. 그렇게 언
제든 먹을 수 있는 값싸고 맛있는 음식이라는 재첩국의 전성기는 지
나가버렸다.

음식 중에서 제일 이상한 음식

근대에 이용기가 쓴 요리책 『조선무쌍신식요리제법朝鮮無雙新式料理製
法』에서는 '와가탕蛤湯, 芋蛤湯'을 소개하고 있다. 이용기는 "음식 중에서

다대포에서 바라본 낙동강 하구 ⓒ 한국관광공사

제일 이상하다. 다른 건더기와 간도 고명도 없이 국물만 마시고 조갯
살만 먹는다. 이렇게 순수한 음식은 희귀하다"라고 기록했다. 와가탕
은 일명 조개탕으로 불리는데, 모시조개나 재첩을 넣고 끓여서 그 국
물과 조갯살만 먹는다. 재첩국은 국물에 남은 배릿하고 감치는 맛이
뛰어나다. 재첩을 제외하면 다른 재료는 아무것도 넣지 않고 어떤 간
도 하지 않았는데 저절로 우러나온 맛이 훌륭하다. 이 조그맣고 볼품
없는 조개에서 어쩜 이렇게 깊고 고운 맛이 나는지 참으로 불가사의
하다.

　그렇다면 재첩이라는 명칭은 어디에서 왔을까? 재첩의 유래는 다
양하다. 어원 면에서 살펴보면, '재첩'을 작다는 뜻의 부산 방언인 '째
치' '재치'가 변한 말로 보기도 하고, '젖히다' '제외하다'는 뜻의 '제치
다'에서 온 말로 여기기도 한다. 또는 민간에서는 재첩을 '첩妾을 많이
두는 조개'라는 뜻인 '재첩再妾'으로 해석하기도 하며, '두 아내를 거느
린 조개'라는 민간 전설에서 재첩의 의미를 풀어내기도 한다. 재첩이
라는 단어의 유래가 어떻든 모두 그 생물적 속성과 외형적 특징, 그리
고 채집 방법과 밀접하게 관련된 이름이다. 재첩은 본래 갱조개나 강
조개로 불렸는데, 강에 사는 작은 조개라는 뜻으로 이해할 수 있다. 재
첩을 채취할 때는 보통 두 가지 방법이 사용된다. '손틀어업'이라고 해
서 어부들이 긴 막대 끝에 부채 모양의 긁개가 달린 거랭이로 펄과 모
래 속에 있는 재첩을 건진다. 아니면 소형 선박에 배틀방이라는 도구

1960년대 채취한 재첩을 고르는 모습 ⓒ 김광성

를 묶어 강바닥을 긁으며 대량으로 채취하기도 한다. 두 가지 방법 모두 마지막에는 펄 흙과 돌멩이 등을 걸러내는 '제치는' 작업이 반드시 수반된다.

그럼 재첩을 언제부터 먹기 시작했을까? 정확하게 알 수 없지만, 인류 탄생과 함께 먹지 않았을까 짐작한다. 재첩은 신석기시대부터 먹었던 조개류로 알려져 있다. 해변이나 강가에 조개를 채취하고 버린 조개껍데기로 무덤을 이룬 '조개무지貝塚'가 이를 증명한다. 부산 영도 동삼동의 조개무지가 대표적인 예이다. 선사시대의 조개무지 유적에서도 알 수 있듯이, 조개는 예부터 우리나라의 중요한 식량원이었고 인류 생존에 크게 이바지한 양식이었다.

조개에 관한 최초의 기록

재첩은 바지락蜆과 백합白蛤 종류의 민물조개로 우리나라에서는 재첩, 갱조개, 가막조개 등으로 불린다.

한국에서 조개에 관한 최초의 기록은 고려시대로 거슬러올라간다. 고려가요 「청산별곡」에서는 이렇게 노래했다.

살어리 살어리랏다. 바르래 살어리랏다.

새조개로 끓인 탕

누므조기 구조개랑 먹고, 바루래 살어리랏다.

얄리얄리 얄랑셩 얄라리 얄라.

이 노래에서 '구조개'는 바로 굴과 조개를 말한다. 일반 백성들이 쉽게 구하고 즐겨 먹던 음식이다. 비록 재첩에 대한 구체적인 언급은 없지만, 조개와 같은 패각류가 이미 중요한 식재료였음을 분명하게 알 수 있다.

한국에서 재첩에 대한 기록은 의학서적에 언급된 재첩의 효능을 말한 것이 가장 이른 듯하다. 조선시대 허준의 『동의보감』에서는 가막조개인 '현蜆'의 약효를 설명하고 있다. 이 책에서는 재첩의 약용 효과를 설명했지만, 구체적으로 어떻게 요리한다는 조리법은 제시되어 있지 않다. 재첩을 가지고 요리한 본격적인 기록은 장계향張桂香, 1598~1680이 남긴 한글 요리서인 『음식디미방飮食知味方』에 나타난다. 이 책에는 수산물의 종류와 음식 및 조리법 등에 관한 내용이 적혀 있다. 그중 '와각탕蝸角湯'이라고 가막조개를 재료로 한 탕이 소개되어 있다. 가막조개는 오늘날 재첩을 말하니 와각탕이 바로 재첩을 가지고 탕으로 끓인 요리 재첩국이다. 조선 후기 실학자 서유구가 1820년경에 저술한 어류학 연구서인 『난호어목지蘭湖漁牧志』의 「어명고魚名攷」에도 가막조개蜆에 관한 기록이 보인다.

재첩국은 강이나 바닷가에 무리를 지어 사는 사람들에게 더할 수 없이 훌륭한 음식이었다. 특히 깊이 우러난 국물은 열기를 내리며 해독 작용으로 간과 장을 다스리는 데 탁월했다. 영양 부족에서 온 여러 질병을 예방하기도 했다. 별다른 재료를 넣지 않고도 당시 사람들의 미각을 사로잡은 소중한 음식이기도 하다. 순수하면서도 깊은 맛, 구수하면서도 비릿한 맛이 도는 재첩국 한 모금이면 몸과 마음의 온갖 시름을 날려 보낼 수 있었으리라.

풍요와 빈곤, 그리고 위안과 희망

강가에서 재첩을 건져올리다보면 그 엄청난 숫자에 경이롭기까지 하다. 묵묵히 지루함을 견디며 재첩을 제치고 있노라면 어느새 느림의 미학 속에서 여유로움까지 발견한다. 재첩은 강가에서 너무나 흔하게 발견되기에 누구나 쉽게 건져서 먹을 수 있었다. 그렇지만 한편으로는 재첩과 거친 음식만으로 생계를 이어나갈 수밖에 없는 사람들도 존재했다. 이들에게 재첩은 선택 사항이 아닌 필수불가결한 식재료였다.

  이호철의 『서울은 만원이다』라는 소설에서 주인공의 어머니는 '재첩국 아지매'로 등장한다. 이 작품은 1960~1970년대 지방의 젊은이들이 저마다 부푼 꿈을 안고 서울로 상경했던 시대를 배경으로 다룬다. 농촌에서 살아가기 힘든 처녀들이 무작정 서울로 올라오지만, 여

낙동강 하구에서 재첩을 캐는 여인들, 1960 ⓒ 사하구청

부추를 넣은 재첩국 ⓒ 한국관광공사

러 꾐에 넘어가 결국 잘못된 길로 빠져드는 경우가 많았다. 이 소설의 주인공인 길녀도 그러했다. 고향 통영에서는 아버지가 맨날 술에 절어 폐인처럼 살았고, 어머니는 길녀와 남동생을 먹여 살리기 위해서 이른 아침 재첩국 동이를 이고 동네를 돌아다니며 재첩국을 팔았다. 어머니가 머리에 이고 팔러 다닌 재첩국은 삶의 막다른 곳에 이르러 살아가고자 하는 생존의 몸부림이었고, "사이소"라고 외치는 소리는 고통의 밑바닥에서 세상을 향해 울부짖는 마지막 호소였다. 재첩국은 길녀의 어머니처럼 절망과 고통 속에서 살아가야만 하는 삶의 가엾음을 거짓 없이 보여준다.

때로는 삶의 처절한 고통 속에서도 계속해서 꿈꿀 수 있는 희망과 위로를 담기도 했다. 정찬의 소설 『강의 저쪽』(2009)에서의 재첩국이 그러하다.

딸이 아이를 사산하고 슬픔에 빠져 있을 때 주인공은 재첩국을 파는 식당으로 딸을 불러낸다. 그리고 어린 나이에 죽은 자신의 여동생 이야기를 딸에게 들려준다. 형편이 어렵던 시절 몸이 안 좋은 여동생에게 약을 쓸 수가 없었는데, 그때 유일하게 약으로 먹일 수 있었던 음

해질녘 섬진강에서 재첩 잡는 풍경 ⓒ 하동군청

식이 재첩국이었다. 나중에 집안 사정이 어려워 재첩국조차 살 형편이 안 되자 주인공은 여동생을 살리기 위해 직접 낙동강으로 가서 재첩을 잡아 오기로 마음먹는다. 힘들게 먼 길을 걸어서 어렵게 낙동강에 도착했다. 그곳에는 순진한 아이들이 재첩을 잡으며 놀고 있었다. 그때 한 아이가 물에 빠져 죽는 모습을 보게 된다. 그 일로 주인공은 큰 충격에 빠졌고, 집으로 돌아와서 아픈 여동생에게 이 이야기를 들려주었다. 여동생은 사람이 죽는 것은 다른 생명이 태어나기 위해서라고 말하며 오빠를 위로한다. 이후 여동생이 죽고 나서 문득문득 찾아오는 슬픔에 주인공은 몹시 괴로워한다. 그때마다 죽기 전에 여동생이 했던 말을 떠올린다. 이런 이야기와 함께 주인공은 힘들 때마다 멀리서 새 생명이 다가오는 상상을 한다며 슬퍼하는 딸을 위로한다.

이른 아침, 동트기 전부터 이 골목 저 골목 누비며 양동이 너머로 외쳐대던 "재첩국 사이소~"라는 소리. 머리에 한가득 재첩국을 이고 목청껏 외치는 그 소리를 추억한다면, 아마도 재첩국의 참맛을 아는 사람일 것이다. 기쁨과 희망, 슬픔과 고통까지 오롯이 담겨 있는 그 맛을.

어느 재첩국 아지매의 슬픔

비가 보슬보슬 오는 어느 날 이른 아침, 여느 때처럼 재첩국 사라는 소리가 들려온다. 동네 아줌마들이 저마다 냄비를 하나씩 들고 대문 앞

재첩국을 팔기 위해 동이를 이고 오는 재첩국 아지매들, 1980 ⓒ 사하구청

에 섰다. 재첩국 아지매가 언제 다시 이 골목으로 들어오나 하면서 기다린다. 이 동네 골목은 처음 온 듯한 젊은 재첩국 아지매가 주섬주섬 옷매무시를 가다듬으며 멀리서 걸어오는 모습이 보였다. 동네 아줌마들은 저마다 "여기, 재치국예~" "저기, 재치국예~" 하면서 빨리 재첩국을 사다가 아침상에 올리기를 바랐다. 여기저기서 재첩국 산다는 소리에 이제 막 이 일을 시작한 재첩국 아지매는 마음이 떨렸다. 보슬비가 내리니 까딱하다가 오늘 끓인 재첩국을 다 팔기 힘들겠다는 생각에 잰걸음으로 나아갔다. 그러나 몸은 마음과 달리 비에 젖어 발걸음이 무겁고 힘들었다. 거의 다 왔을 즈음 아지매는 동네 아줌마들이 보는 앞에서 그만 사정없이 미끄러졌다. 머리에 이고 온 함석 양동이가 바닥에 내팽개쳐지면서 재첩국이 모두 쏟아져버렸다. 눈앞에서 벌어진 엄청난 일에 동네 아줌마들 입에서는 저절로 "아이고야~" "우짜겠노~"가 터져나왔다. 여기저기서 안타까운 마음을 쏟아냈다. 재첩국 아지매는 겨우 방금 재첩국 한 그릇 판 게 전부라, 바닥에 주저앉아 어찌할 줄 몰랐다. 버려진 재첩국이 너무나 아깝기도 하고 새벽부터 재첩국에 공을 들인 것이 참으로 억울해서 넘어져 깨진 무릎보다 마음이 더 쓰라렸다. 동네 아줌마들은 그 모습을 보면서도 다들 비슷한 형편이라 들고 온 돈을 꽉 쥐며 차마 아지매에게 건네진 못했다. 그저 어깨를 토닥거리며 위로할 뿐이었다. "아지매, 내일 다시 오이소. 재첩국 꼭 사줄게예!" 이 말에 재첩국 아지매의 먹먹한 가슴이 그만 무너져

버렸다. 슬픔과 위안이 함께 몰려와 아침 보슬비와 함께 눈물이 하염 없이 흘러내렸다. 길바닥에 흩어진 재첩국에서 김이 모락모락 피어 올랐다. 웅덩이에 흥건히 고인 재첩국에서 한동안 비릿한 냄새가 올 라왔다.

그후로 재첩국 아지매는 이 동네를 몇 번을 더 왔다가 갔다. 그때마 다 동네 아줌마들은 웃으며 이제는 잘 걷는지 물어본다. "부른다고 빨 리 오지는 마이소~" 마지막에는 이 말을 꼭 덧붙인다. 재첩국 아지매 는 부끄러운 듯 슬며시 미소만 짓고 총총 새벽안개 속으로 사라진다.

어린 시절 새벽녘, 대문 밖에서 일어난 이 소동을 희미하게 기억하 고 있다. "재첩국 사이소~"라는 말을 들을 때면 그 시절 재첩국 아지 매가 생각나고, 함석 양동이 속에 담긴 갓 삶아서 보얗고 희멀건 국물 에 통통한 재첩 살이 그리워진다. 정구지를 넣고 흰밥을 말아 한 숟가 락 떠서 입에 넣는 순간, 온몸에 전율처럼 흩어지던 섬광 같은 맛을 몸 구석구석이 기억하고 있다. 메마르고 거친 입속으로 뽀얗게 우러난 국물 한 사발이 들어갈 때, 새벽까지 애태우며 불 옆에 앉았을 아지매 를 떠올린다. 따뜻한 온기에 왠지 모르게 눈시울이 붉어진다.

우리는 하단下端 엄궁嚴弓에서부터 머리에 이고 온 재첩국 양동이의 무게만치 고단한 삶을 아슬아슬하게 지탱하며 살아온 건지도 모른다. 그러나 그윽하고 시원한 국물이 목을 타고 넘어갈 때 국물과 더불어 귓가에 자꾸 맴도는 "재치국 사이소" 소리에서 우리는 이미 시름과 고통을 위로받고 치유받았던 건 아닐까.

김명구 ◆ 명지대학교 중어중문학과 교수

부산대학교 중어중문학과를 졸업하고, 타이완국립정치대학교에서 중국문학으로 석사학위, 타이완국립사범대학교에서 박사학위를 취득했다. 지금은 명지대학교 중어중문학과 교수로 재직중이다. 현재 중국소설과 문화 관련 연구를 진행하고 있으며, 문학 관련 저서를 우리말로 옮기는 일을 하고 있다. 주요 저서로 『접속과 단절: 중국 화본소설의 인간과 귀혼』 『인물과 서사: 중국 화본소설의 인물 관계와 인물 변화』, 공저로 『중화미각』 『중화명승』, 역서로는 『외롭고 쓸쓸한 사람 가운데』 등이 있다.

복국

'죽음과도 바꿀 가치가 있는 맛,' 스릴과 미식 사이

전날 술을 거나하게 마시고 난 뒤라면 누구나 자신만의 해장 전략을 구사한다. 라면이나 짬뽕 국물로 속을 달래는 사람도 있고, 느글느글한 더블치즈버거로 속쓰림을 덮어버리려는 사람도 있다. 서양의 해장국이라며 토마토수프를 먹거나, 아예 쓰린 속을 붙잡고 굶어버리는 사람도 있다. 하지만 어느 정도 연배가 있는 한국인이라면 누구나 뜨끈한 국물을 목구멍에 흘려넣고, "캬~하" 감탄이 절로 뱉어지는 해장국을 찾기 마련이다. 해장국이란 모름지기 '술 깨는 탕'이 아니라 '장을 풀어주는 탕'이니, 장을 마사지하듯 어루만져주는 뜨거운 국물이 해장의 진리임을 머리가 아닌 몸으로 진작 깨우친 이들이다. 흔히들 콩나물국, 황탯국, 복국을 해장국 3대장으로 꼽는데, 그중 이독치독以

毒治毒의 원리에 가장 충실한 메뉴는 단연코 '복국'이다.

독을 품은 복어, 스릴과 미식 사이

사실 복국의 주재료인 복어는 테트로도톡신이라는 맹독을 품고 있어 결코 식용에 적합한 어류가 아니다. 복어는 강 하류와 바다가 만나는 기수 지역에 주로 서식하는데, 둥근 몸에 비해 작은 지느러미를 갖고 있어 빠르게 수영할 수가 없다. 그렇기에 적이 다가오면 물을 들이마셔 순식간에 몸을 부풀려 시각적으로 위협을 가하거나, 빠각빠각 이가는 소리를 내어 적에게 경고음을 날린다. 하지만 복어가 가진 최상의 무기는 뭐니 뭐니 해도 온몸에 휘두른 맹독이다. 복어는 눈, 알, 난소와 같은 생식기관과 간, 창자와 같은 내장기관, 그리고 껍질 등에도 독성을 함유하고 있다. 테트로도톡신은 신경성 맹독이라서 소량이라도 중독되면 치사율이 매우 높다. 살상 무기로 쓰일 것 같은 맹독성 어류를 고작 술 마신 뒷날 해장의 용도로 쓰다니, 이러한 인간들을 담대하다고 해야 할지 무식하다고 해야 할지 모르겠다.

복어의 독은 인간의 목숨을 앗아갈 정도로 치명적이기 때문에 일반인이 조리하는 건 금지되어 있다. 법적으로 복어조리기능사 자격증을 가진 전문가만이 복어를 취급하도록 허락하고 있지만, 어촌에서는 수시로 잡히는 복어를 무심히 손질해서 먹기도 했다. 내가 아주 어렸을 때부터 이모는 배에서 잡은 생선이나 우뭇가사리, 소라, 게 등을 가끔 보내주시곤 했다. 다음날이면 항상 싱싱한 해산물이 식탁에 올랐다. 하루는 엄마가 이모가 보내준 생선에 콩나물과 무, 미나리를 넣고 탕을 끓여주셨는데, 비린내도 없고 생선을 끓이면 으레 몽글몽글 뜨는 기름도 전혀 보이지 않았다. 담백한 국물을 한 숟가락 뜨고, 그 위에 생선살 한 점과 콩나물, 미나리를 올려 한입 먹는데, 육질이 유달리 쫀득쫀득해 감탄했던 기억이 있다. 시간이 한참 지나고서야 그 생선이 복어라는 것을 알고 간담이 서늘해졌다. 복어 독 앞에서는 이모의 고기잡이 경력이 40년이라 한들 무슨 소용이겠는가?

　주변에서 복어를 먹고 응급실에 실려 갔다는 사람들의 후일담을 심심찮게 접한다. 나의 사촌도 언젠가 술자리에서 복국을 먹고 중독된 썰을 장황하게 풀었다. 술 마시고 해장 삼아 점심때 복국을 먹었는데, 얼마 후 몸의 감각이 점차 둔해지더니 물을 마시는데 물이 입 옆으로 줄줄 새더란다. 입술이 마비된 것이다. 언뜻 낮에 복국을 먹은 일이 생각나 황급히 응급실에 갔더니, 의사가 무심히 위세척을 해준 후 응급실 침대에 방치하더란다. 별다른 약물 치료도 해주지 않아 장시간 복어 독이 주는 고통을 오롯이 감내하다보니 절로 의사가 원망스러웠다. 그런데 나중에 알고 보니 복어 독은 아직 해독제가 개발되지 않아 몸이 자연스럽게 독을 중화하도록 기다리는 수밖에 없다고 한다. 중독의 고통이 퇴원 후에는 무용담으로 변질되어, 나의 사촌은 중독됐다 살아났으니 앞으로는 무병장수할 거라며 너스레를 떨었다.

죽음과도 바꿀 가치가 있는 맛

복어가 맹독을 품고 있다는 사실은 옛날부터 경험을 통해 알았지만, 그럼에도 사람들은 복어 탐식을 그만두지 않았다. 여느 생선과 달리 복어 살은 닭고기처럼 쫄깃한 육질을 가졌고, 그 껍질 또한 부드러우면서도 씹히는 맛이 일품이다. 그래서인지 예로부터 복어를 예찬한 문인들이 많았다. 그중 후대에 가장 많은 영향을 끼친 이는 바로 소동파다. 문인들의 복어 예찬은 그로부터 출발했다고 해도 과언이 아니다. 소동파는 북송 시기 정치가이자 최고의 문장가로, 시문과 서예에 능했을 뿐만 아니라 뛰어난 미식가로도 유명하다. 일설에 소동파가 창저우常州에 머무를 때 복요리를 맛본 후, '죽음과도 바꿀 가치가 있는 맛'이라고 평가하면서 복어 맛을 극락의 경지로 올려놓았다.

옛사람들은 유달리 하얗고 뽀얀 복어의 이리白卵를 두고 미녀 서시의 유방에 빗대어 '서시유西施乳'라고 부르기도 했다. 서시는 월나라 충신 범려가 오왕 부차에게 바친 미녀인데, 오왕이 서시의 미색에 빠져 정사를 돌보지 않아 결국 오나라가 패망했다고 전한다. 한 나라를 무너뜨릴 만한 매력을 가진 서시의 유방에 빗댄 관능적 비유는, 치명적인 독을 품은 복어와 더할 나위 없이 어울린다.

그렇다고 문인이나 미식가만 복어를 먹은 것은 아니다. 다산 정약용은 「탐진어가耽津漁歌」에서 "어촌에서는 복어만 좋다 하고, 농어는 모두 털어 한잔 술과 바꿔 먹네漁家只道江豚好 盡放鱸魚博酒杯"라고 했다. 고기잡이를 업으로 삼는 어부들이야말로 생선 맛을 제대로 알 터이다. 그네들이 농어는 술로 바꿔서 먹을지언정 복어는 직접 먹었다고 하니 서민들에게도 복어는 그야말로 일품요리였던 듯하다. 하기야 맛난 음식에 어찌 반상의 구분이 있겠는가.

부산, 복어의 집산지이자 복국의 출발지

부산이 복어 요리의 중심지가 된 것은 일제강점기부터다. 1905년 부산과 일본의 시모노세키를 왕래하는 부관연락선釜関連絡船, 부관훼리이 개통되면서, 두 지역의 물류와 인적 이동이 쉬워졌다. 일본에서 시모노세키는 복어의 최대 생산지이자 집산지로 유명한데, 1895년 청일전쟁의 종전을 선언한 시모노세키조약이 체결된 장소도 바로 복어 요리로 유명한 요리정 '슌판로春帆樓'다. 부관연락선을 따라 싱싱한 복어뿐만 아니라 일본의 복어 전문 요리사도 많이 건너왔다. 이들은 부산의 일본인 조계 지역을 중심으로 자리를 잡았고, 복어 요릿집이 증가하면서 자연스럽게 복어 요리법을 익힌 우리나라 요리사도 늘어났다. 부산에서 복어 요리가 발달한 이유는 부산항을 끼고 있어서 싱싱

순관로 입구 복어 동상 ⓒ 김경아

한 복어를 비교적 손쉽게 구할 수 있고, 숙련된 요리사가 많아 제독
기술과 다양한 조리법에 대한 노하우가 쌓였기 때문이라 할 수 있다.

  부산의 복국집들은 대개 부산항이나 자갈치 시장, 충무동, 영주동,
영도, 해운대 등 수산물 시장이나 선창가 인근에 자리한 경우가 많은
데, 뜨끈한 복국 한 사발에 곁들이는 한잔 소주는 노동자들의 힘든 하
루를 달래주는 친구였으리라. 그래서인지 부산에는 유독 대를 물려
운영하거나 오랜 전통을 자랑하는 복국집이 많다. 영주동 삼대복국은
1940년대 부산항 하역 노동자들을 대상으로 영업을 시작해 3대째 가
업을 잇는 중이고, 전국 체인점을 보유한 금수복국은 1970년에 재일

교포 출신의 창업주가 해운대에서 개점해 현재는 아들이 대를 이어간다. 특히 금수복국은 한 그릇을 다 먹을 때까지 열기를 유지하도록 전통 뚝배기에 복국을 담아내는데 부산 스타일의 복국이 여기서 시작되었다고 말하기도 한다. 충무동 새벽 시장에 위치한 새송도복국도 1973년에 개업했는데, 어판장 종사자들이 많이 찾아 새벽 7시부터 문을 연다. 만일 부산을 여행한다면 부산의 골목마다 숨어 있는 오랜 복국집을 찾아보는 즐거움도 색다른 경험이 될 것이다.

아재들의 해장국에서 힙한 건강식으로

부산의 복어 요리 중 세대를 불문하고 가장 사랑받는 것은 단연코 복국이다. 음식점마다 차이는 있지만, 대체로 복국에는 참복(자주복), 까치복, 밀복, 은복을 사용한다. 일본의 복국이 가다랑어로 육수를 내고 양념을 최소화해 복어 고유의 맛을 살리는 데 집중한 반면, 부산 복국은 한국인의 취향에 맞게 복어 대가리와 멸치, 다시다 등으로 육수를 내고 숙취 해소에 좋다는 콩나물, 무, 미나리를 넣고 마늘 양념을 듬뿍 얹어 시원하면서도 칼칼한 맛을 낸다. 복국은 맑은탕(지리)과 매운탕 두 종류가 있는데, 기호에 따라 선택하면 된다. 부산 사람들은 복국에 식초를 첨가해 먹기도 하고, 복어 수육을 와사비를 푼 간장 소스나 초고추장에 찍어 먹기도 한다. 바다를 품은 도시답게 밑반찬으로 어묵,

복국 ⓒ 김경아

멸치나 미역, 다시마와 이에 곁들여 먹는 싱싱한 갈치 젓갈이 기본으로 깔리고, 복튀김, 복어껍질무침, 복어 장조림 등도 푸짐하게 나온다.

　예전에는 복국을 해장이나 반주 용도로 중장년층이 주로 먹었다면, 요즘은 젊은층이나 가족 단위로 복국을 찾는 경우가 늘고 있다. 건강에 대한 사람들의 관심이 증가하고, 양식 기술의 발달로 독 없는 양식 복어가 유통되면서 복어 독에 대한 위험 부담이 낮아졌다. 그러자 복국을 점차 다양한 세

복국에 곁들여 먹는 식초와 초장
ⓒ 김경아

대가 찾는 것이다. 복어는 단백질이 풍부하고 지방 함량이 1퍼센트 미만이어서 다이어트 음식으로도 손색이 없고, 비타민과 무기질이 풍부하고 다양한 아미노산도 함유되어 겨울철 보양식으로도 주목받는다.

다만, 단품으로 치면 가격이 다소 부담스러울 수 있다. 하지만 1만 원 대의 은복국부터 시작해 천천히 맛을 비교하면서 밀복국, 까치복국, 참복국 순으로 도장깨기를 해봐도 재밌을 것이다. "순수한 호의는 돼지고기까지"라는 우스갯소리가 있다. 값이 저렴한 돼지고기는 호의로 베풀 수 있지만 값비싼 소고기를 사주는 경우는 어떠한 형태든 보상을 바라는 행동이니 경계하라는 생활 속 지혜가 숨은 말이다. 이를 복국에 적용한다면 참복국은 소고기에 해당한다. 그러니 누군가가 참복국을 사준다고 하면 마음의 준비를 단단히 하시라.

시모노세키에서는 복어를 '복福'을 불러들이기를 바라는 의미에서 '후구ふぐ'라고 부른다. 그래서인지 일본에서는 박제한 복어를 집에 장식용으로 두는 경우도 많았는데, 그 영향인지 과거 부산항을 드나들던 외항 선원들도 산호나 박제한 복어를 귀향 선물로 많이 가져왔다. 어릴 적 우리 동네 어느 집을 가더라도 장식장에서 박제된 산호나 몸을 한껏 부풀린 채 뾰족하게 가시를 세운 가시 복어 박제를 흔히 볼 수 있었다. 아마도 집안에 복이 들기를 바라는 마음을 기탁한 것이리라. 박제한 복어를 집에 두어도 복이 온다는데, 뜨끈한 복국 한 그릇 먹으면 내 몸안으로 복이 가득 들어오지 않겠는가.

김경아 ◆ **부산대학교 인문학연구소 연구교수**

부산대학교 중어중문학과에서 석사학위를, 중국사회과학원에서 박사학위를 받았다. 바다를 통한 문물과 문화의 교류, 해양신앙 등에 관심을 가지고 연구하고 있다. 역서로 『지영록』(2021), 『청제국의 몰락과 서양상인』(2022), 공저 『바다를 건넌 사람들 Ⅱ』(2022) 등이 있다.

돼지국밥

부산 사람들의 소울 푸드

맛집 투어가 일상이 된 요즘 사람들은 점점 더 음식을 통해 얻는 즉각
적 욕구 충족에 목말라 있다. 사실 인간의 일생은 스트레스와 불만족,
그리고 만족의 지연, 더불어 끝없는 절망감과 슬픔으로 가득차 있다
고 해도 과언이 아니다. 하지만 이런 삶 속에서 합법적이고 또 누구에
게나 허용된 것이 있다면 그것은 바로 먹기와 관련된 행위다. 먹기는
공개적이고도 당연한 행동으로서 매일매일 반복적으로 갈망할 수 있
는 욕구 중 하나다. 맛있는 음식을 먹고 좀더 만족감을 느끼고 즉각적
으로 호르몬의 긍정적 작용을 누리는 일 역시 세상이 용인한 우리의
자유다. 그리고 우리는 함께한 사람들과의 기억을 마음에 새기고 음
식에서부터 얻은 정보를 신체에 새긴다. 축적된 음식과 먹기의 역사

를 바탕으로 일생을 향유한다.

부산 하면 떠올리는 첫번째 음식

부산이라고 하면 떠오르는 대표 음식이 무엇이냐고 물으면 누구든 가
장 먼저 꼽는 음식이 한 가지 있다. 한국인뿐 아니라 중국 및 일본 관
광객 모두 1순위로 떠올리는 음식이기도 하다. 바로 돼지국밥이다.
예로부터 돼지국밥은 잔치에도 빠지지 않았던 이 지역의 역사적 현
장에서 탄생한 음식이다. 거슬러올라가자면 돼지국밥과 유사한 음식
은 청동기시대 무렵부터 먹었다고 추정한다. 한국은 대표적인 습식

구산동 돼지국밥 ⓒ 고혜림

일본의 돈코츠라멘 ⓒ 고혜림

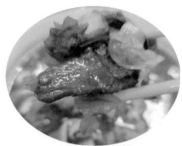
타이완의 우육면 ⓒ 고혜림

문화국이고, 국, 탕 그리고 찌개의 역사는 뿌리깊다. 『삼국사기』「고구려 본기」 동천왕조의 기록에서 등장하듯이, 한국에서는 밥과 김치를 제외하고 국이 식생활의 3대 구성 요소 중 하나였다. 하지만 부산의 돼지국밥은 단순히 한국 국밥 문화의 21세기형 유산으로만 머무르지 않는다.

가까운 일본과 중국에도 돼지국밥과 유사하게 고기와 사골 육수를 기반으로 한 음식이 있는데 바로 하카타 돈코츠라멘과 란저우 뉴러우탕이다. 이들 요리 역시 지역에서 출발해 지역명을 달고 전 세계에서 명성을 떨치고 있다. 돼지국밥이 부산이라는 지역과 맺는 관계 역시 떼려야 뗄 수 없이 긴밀하다.

부산의 미각, 돼지국밥의 의미

돼지국밥은 부산이 아니면 좀체 먹기 어려운 음식이다. 부산 사람을 붙들고 물을라치면 누구든 "어디 국밥이 최고지!" "국밥 하면 어디를 가야지!"라고 한마디씩 보탤 것이다. 약간 과장을 보태면, 부산 경남 사람들은 대개 자신만의 국밥 맛집 리스트를 최소한 몇 군데는 가지고 있을 정도다.

1990년대 후반까지 사람들이 조금이라도 모이는 장소라면 부산 곳곳 어디나 돼지국밥 골목이 있었다. 돼지국밥은 밀양과 김해까지 전파되었으니 유명한 돼지국밥집 이름 앞에는 지역 이름이 따라붙기도 했다. 1990년대 후반까지 부산 젊은이들이 모이는 3대 명소였던 해운대, 태종대 그리고 부산대 앞에는 유명한 돼지국밥 골목이 있었다.

돼지국밥은 토렴하여 낸다. 때로는 따로국밥의 방식으로 찬과 함께 밥과 국이 따로 제공되기도 하지만, 밥을 뚝배기에 담고 여러 번 뜨끈한 국물로 뚝배기와 밥알을 데우는 방식의 토렴이 아무래도 기본 방식이다. 여기에 새우젓과 마늘과 정구지(부추)가 올려지면 직접 담근 배추김치나 깍두기와 함께 딱 조화로운 맛을 낸다.

돼지국밥의 다양한 모습들

재료와 먹는 방식의 다변화가 지금까지 남아 있는 부산 일대 돼지국밥의 다양한 모습 속에 그대로 존재한다. 순대국밥이나 내장국밥, 선지국밥, 섞어국밥 등 돼지국밥집에서 자주 볼 수 있는 바로 그 메뉴들은 어쩌면 돼지국밥의 변주로 보아도 좋을 것이다. 돼지고기만 들어간 돼지국밥이 기본이라면, 수육과 순대가 들어간 순대국밥, 돼지 내장 등이 들어간 내장국밥, 수육과 내장이 들어간 섞어국밥, 수육·순대·내장 등이 모두 들어간 모듬국밥이 있으며, 밥과 육수가 따로 나오는 따로국밥, 수육과 육수·밥이 따로 나오는 수육백반, 밥 대신 국수가 들어간 돼지국수도 있다. 모든 지역의 돼지 음식이 부산에서는 '부산 돼지국밥'으로 정착했다. 이처럼 다양한 지역의 입맛이 모두 모여 능동적이고 적극적으로 변화한 돼지국밥의 역사를 보면 다양함을 포괄하며 그대로 담아내는 해양 문화의 혼종적 성격을 한층 더 실감나게 이해할 수 있다.

돼지 사골로 육수를 내던 고유의 방식은 변함없지만 시간이 흐르면

전통식 돼지국밥 솥 © 구산동돼지국밥집

현대식 돼지국밥 솥 © 최영제

서 점차 순대와 더불어 변신을 시도해 현재의 모습으로까지 다변화를 꾀해온 것이다. 제주도의 돔베고기국수와도 다르며 설렁탕이나 곰탕과도 다르다.

　역사 드라마나 사극을 볼 때 주막에서 사람들이 먹던 고기가 들어간 국밥은 대체 어떤 음식에 가까울까 상상해보기도 했다. 조선시대 한양이 주요 무대인 시대극이라면 지금의 설렁탕이나 곰탕과 더 유사하리라 짐작한다. 하지만 전국 방방곡곡에 산재했던 주막들 가운데는 부산 경남 일대 돼지국밥의 전신인 국밥이, 지금과 조금 다르지만 닮은 모습으로 존재하지 않았을까 상상해보기도 한다.

　돼지국밥 안에는 부산이라는 장소성이 담겨 있다. 추운 날씨에 속까지 뜨끈한 온기를 전달해주는 음식이 바로 돼지국밥이었다. 지금도 구포시장 같은 오랜 역사를 가진 장소에 가면 이름난 돼지국밥집을 꼭 찾을 수 있다. 장터의 도시 부산에서 제대로 토렴한 국밥을 지금도

직화식 뚝배기 화로 © 고혜림

국밥용 살코기 © 고혜림

돼지국밥 백반을 시키면 수육, 순대 등 원하는 메뉴와 함께 즐길 수 있다. ⓒ 고혜림

만날 수 있다는 것은 한편 반가운 일이다.

　광복 후 일본으로부터 넘어온 동포들이, 그리고 한국전쟁 때는 전쟁을 피해온 피란민이 모두 부산으로 모였다. 하루하루의 끼니를 연명하고 질기디 질긴 삶을 이어나가며 식솔을 건사하는 것이 삶의 유일한 목표였다. 값싸고 양 많은 식재료를 활용할 수밖에 없었던 그 시절 간절함에서 지금의 돼지국밥, 밀면, 부산어묵, 꼼장어 등의 부산의 대표 향토음식이 탄생했다.

한창 경기가 호황일 때 부산 인근의 경남, 호남, 제주 등지에서 많은 사람이 넘어오면서 부산은 다양한 사람들이 섞인 지역이 되었다. 다종다양한 문화가 부산이라는 큰 울타리 속으로 모인 것이다. 개방성과 수용성은 해양 문화의 태생적 조건이다. 물질을 하는 해녀는 제주뿐 아니라 수영만 앞바다에서도 만날 수 있으며, 전라남도의 맛깔스러움을 담은 여러 음식도 곳곳에 남아 있다.

미래의 돼지국밥은 깊은 사골 국물로 또 어떤 변주를 끌어안을까 상상해보며 오늘도 따뜻한 국밥을 한술 뜬다.

고혜림 ◆ 부산대학교 평생교육원 강의교수
부산대학교 중어중문학과에서 박사학위를 취득하고 현재 부산대학교 교양교육원에서 강의와 연구를 하고 있다. 중국현대문학과 문화학을 주로 연구하면서 나아가 인문학과 교양교육의 연구 및 실천적 방안과의 연계도 고민하고 있다. 지난 몇 년간 대중의 삶과 지혜를 담은 문집들을 펴내면서 글을 쓰고 토론하며 소통을 통해 새로운 것을 배우고 익히기를 즐겨 해왔다. 사람들과 더불어 삶을 탐색하고 어우러짐과 다양성 속에서 맛을 탐색하는 취미를 가지고 있다. 대표 저서로는 『포스트식민시대의 화인디아스포라문학』(2016), 역서로는 『시각과 정체성』(2020), 공동 에세이집 『그 모든 순간이 아름다웠음을』(2022) 등이 있다.

완당

훈툰과 물만두의 여행

부산을 대표하는 음식 가운데 '완당'이 있다. 대한민국에서 제대로 된 완당은 부산에만 있으니 부산 음식이 틀림없을 것이다. 그렇다고 모든 부산 사람이 완당을 잘 아는 것은 아니다. 완당을 하는 곳이 부산에도 몇 집 없기 때문이다.

완당이 뭐지?

아마도 완당을 처음 보는 사람이라면 생소한 명칭에 주목할 것이다. 누군가는 시원하고 따뜻한 국물 맛을 보고 완당을 우리가 늘상 먹는 '탕湯'의 한 종류로 오해할 수도 있을 터. 하지만 우리말로 표기하자면

'완탕'이 아닌 완당이고, '완당'의 '당'도 그 어원이 만두라는 뜻의 '돈餛'
또는 '삼키다'라는 뜻의 '탄呑'이다. 말하자면 '탕'이든 '당'이든 완당이
라는 이름 자체가 국물과 직접적으로 관련되는 것은 아니다. 사실 완
당을 제대로 이해하고 싶다면 명칭의 유래부터 정확히 알아야 한다.
왜냐하면 그 이름에 마치 화석처럼 완당의 기원과 그 진화상이 고스
란히 반영돼 있기 때문이다. 결론을 미리 말하자면 완당의 최초 어원
은 표준 중국어의 훈툰餛飩이다. 중국 광둥 지역에서는 훈툰을 지역 방
언으로 완탄이라 부르는데 광둥의 완탄이 일본으로 전해져 완탕이 되
었다가 부산으로 들어와 완당이 되었다.

땅은 크고 훈툰은 많다

완당의 최초 기원 훈툰부터 살펴보자. 훈툰은 본래 "구멍이 없다"는
의미로 훈둔渾沌(혼돈한 모양)이라 불렸다. 주로 아침 식사로 먹는 만
둣국의 일종으로 중국인들이 모이는 곳이면 어디라도 있는 보편적이
고 서민적인 음식이다. 훈툰은 외형상 만둣국의 한 종류이지만 우리
가 평소에 즐기는 만둣국과 다소 차이가 있다. 무엇보다 만두의 생김
새부터 다르다. 보통의 만두는 동그란 모양의 비교적 두꺼운 피로 만
들지만 훈툰은 네모난 모양의 아주 얇은 피를 쓴다. 조리가 다 되면 안
의 소가 무엇인지 자세히 보일 정도다. 크기도 차이가 있다. 보통의 만

두는 하나만 먹어도 입안에 적당한 만족감을 줄 정도로 두툼한 식감
이라면, 훈툰은 어린아이도 한입에 먹을 정도로 크기가 작다. 들어가
는 소도 다르다. 보통 만두는 피가 두툼해 고기, 채소, 해산물 등 다양
한 재료를 쓸 수 있지만 피가 얇은 훈툰은 다진 고기, 다진 새우, 다진
채소 등 한정적인 재료만 쓸 수 있다. 조리법도 차이가 있는데 만두는
육수를 쓰지 않고 그대로 찌거나 삶아 소스를 찍어 먹지만 훈툰은 고
기, 뼈 등으로 육수를 내고 파, 고수 등을 올려 만둣국 형태로 먹는다.
소스에 찍어 먹는 경우는 매우 드물다.

중국은 땅도 크고 사람도 많다. 훈툰을 부르는 방식도 지역마다 차
이가 있다. 훈툰이라는 명칭은 베이징을 중심으로 하는 북방 지역의
표준어다. 지역마다 파오몐包麵(장시성), 바오푸包袱(안후이성), 칭탕淸
湯(장시성), 수이자오水餃(후난성), 차오서우抄手(쓰촨성), 볜러우扁肉(푸
젠성), 윈툰雲吞/雲屯(광둥성, 장수성, 저장성) 등 다양한 이름이 통용된다.
이름만큼 조리법도 다양하다. 예컨대 매운맛을 좋아하는 쓰촨 사람들
은 매콤한 고추기름을 넣은 홍여우차오서우紅油抄手나 화끈한 마라 소
스를 넣은 마라차오서우麻辣抄手를 즐기고, 푸젠 사람들은 고기를 망
치로 두들겨 아주 부드러운 식감을 주는 볜러우를 즐긴다. 훈툰을 튀
겨서 먹기도 하고炸餛飩, 육수에 훈툰과 면을 함께 넣어 먹기도 한다餛
飩麵.

구름을 삼키다

다양한 훈툰 가운데 광둥 지역의 '완탄雲呑'이 사람들에게 가장 많이
알려져 있다. 서구에서도 완탄의 영어식 표현인 '완탄wonton'을 아는
사람이 제법 있다. 무엇보다 광둥 완탄의 맛이 뛰어나서겠지만 홍콩,
마카오 등 국제적인 대도시와 해외로 진출한 광둥 출신 중국인들이
활약한 덕도 있을 것이다. 훈툰과 완탄의 차이는 순전히 방언 간 발음
의 차이에서 비롯되었다. 훈툰의 본 글자인 '餛飩'을 광둥어로는 '완탄'
이라 읽는다. 다만 광둥 사람들은 발음만 고쳐서 읽지 않고 같은 발음
이면서 비교적 쉬운 글자인 '雲呑'으로 표기법을 바꿨다. '완탄雲呑'이
라는 새로운 문자로 표현하는 덕에 완탄이 다른 지역의 훈툰과 구별
되는 광둥 지역 특유의 음식임을 쉽게 알아볼 수 있게 되었다. 표의문
자인 한자의 특성상 완탄雲呑은 문자 자체만으로도 기존의 훈툰餛飩과
다른 의미를 나타낸다. 글자를 풀면 '구름雲을 삼키다呑'는 의미다. 완
탄의 '雲'은 하늘에 구름이 둥둥 떠 있는 듯한 완탄의 외형을, '呑'은 수
저에 올려진 완탄을 한입 삼키는 동작을 비유적으로 표현한다고 볼
수도 있다.

완탄의 구름 모양은 빚는 방법에 그 비밀이 있다. 계란과 밀가루로
만든 얇은 피를 약 8센티미터의 정사각형 모양으로 하나씩 잘라서 빚
는다. 피 가운데 소를 적당히 넣고 반으로 접은 다음 빠르게 양쪽을 집
어 금붕어 꼬리 모양이 되도록 만드는 것이 기술이다. 소는 지방이 섞

인 다진 돼지고기, 다진 새우, 다진 생선 등을 혼합하여 만든다. 육수
는 돼지 뼈, 껍질 깐 새우, 넙치, 콩나물 등을 고아서 만드는데 여린 황
부추韭黃를 마지막에 장식으로 곁들이기도 한다. 완탄은 면을 넣어 먹
는 경우가 많은데 주로 노란빛의 에그누들雞蛋麵을 쓴다. 완탄은 겉보
기엔 간단한 요리 같지만 조리 과정과 순서가 매우 중요하다. 가장 먼
저 잘 빚은 완탄을 끓는 물에 익혀 그릇에 넣는다. 다음으로 생면을
10초 정도 데치고 찬물에 헹궈 완탄 위에 올린다. 마지막으로 뜨끈한
국물을 면 위에 부어서 먹는다. 면을 너무 오랫동안 국물에 담그면 쉽
게 불어버리기 때문에 이와 같은 순서를 꼭 지켜야 한다.

완탄과 완탕 사이

광둥의 완탄은 일본으로 건너가 '완탕ワンタン'이 되었다. 정설에 의하
면 중국의 훈툰은 8세기 나라 시대에 이미 일본에 전래되었다고 한다.
재료와 조리법은 지금의 완탕과 차이가 있었을 것이다. 지금의 일본
완탕은 명칭, 재료와 조리법 모두 광둥의 완탄과 가장 유사하다. 아마
도 일본과 광둥 지역의 민간 교류가 전면적으로 전개된 근대 시기에
전래되었을 것으로 추정된다. 완탕은 일본인에게 매우 친숙한 음식으
로 일본 어느 지역에 가더라도 완탕을 전문적으로 파는 가게를 쉽게
찾아볼 수 있다. 에이스쿡이라는 회사가 1963년 8월 27일 '즉석 완탕

면'이라는 인스턴트 상품을 출시한 이래로 송이버섯, 된장, 카레 등 다양한 맛의 완탕면이 시중에 소개됐다. 하지만 일본인에게 완탕은 여전히 완탕 만두가 들어간 일본식 '라멘'의 일종으로 인식된다. 일본의 중화면 전문점에서 완탕이나 완탕면은 라멘의 서브 메뉴로 제공되곤 한다. 완탕을 만드는 방법도 닭뼈나 간장으로 육수를 낸다거나 토핑으로 차슈나 멘마(중국 마죽麻竹의 죽순을 데쳐서 발효시켜 염장한 식품. 라멘의 고명으로 주로 쓰인다)를 사용한다거나 하는 식으로 라멘의 조리법을 그대로 차용하기도 한다.

부산의 향토 음식 완당

부산의 완당은 일본에서 완탕 조리법을 배운 고 이은줄 옹이 해방 이후인 1947년 중구 보수동 검정다리 부근 포장마차에서 처음 만들어 팔며 시작되었다. 가장 잘하는 노래를 18번이라고 부르듯 가장 맛있는 완당을 만들고자 '18번 완당'이라고 이름을 지었다 한다. 지금은 장남과 손자가 지점을 내지 않고 동아대 건너편 부용동에서 수십 년 선친의 명맥을 잇고 있다. 이 옹에게 직접 배운 요리사 최맹호씨도 남포동에서 수십 년째 완당집을 운영하고 있다. 시간당 완당을 70~80개의 빠른 속도로 빚어 유명해졌다. 이 밖에도 크고 작은 완당집이 부산에는 몇 군데 더 있다.

부산 완당은 얇은 밀가루 피로 만든 구름 모양의 만두를 육수에 끓여 먹는다는 점에서 광동의 완탄, 일본의 완탕과 매우 비슷하다. 하지만 완탄은 돼지 사골이나 말린 새우, 생선 등 다양한 식재료로 국물 맛을 내고 완탕은 주로 닭고기로만 진한 국물 맛을 내는 데 비해 완당은 멸치와 다시마로 국물을 우려내 부산 사람 입맛에 맞는 시원하면서도 깊은 감칠맛이 난다. 건더기로 어묵 조각과 쑥갓, 숙주, 당근, 파 등 채소를 더해 묘한 맛의 조화를 이룬다. 여기에 기본 반찬으로 새콤달콤한 깍두기와 단무지를 곁들이고 김밥이나 유부초밥 한 줄을 함께 즐기는 것이 보통의 식사법이다. 기원이 무엇이든 이제는 어엿한 부산의 향토 음식이다. 완당집들은 시원하고 탱탱한 식감의 메밀국수도 함께 판다.

중국의 훈툰이나 완탄이 익숙한 사람들은 부산 완당의 존재를 듣고는 호기심을 드러내곤 한다. 중국의 맛이 얼마나 남아 있을지 혹은 전혀 다른 한국의 맛으로 진화했을지 궁금해한다. 필자가 접한 부산 완당은 그 자체로 온전히 한국의 맛이었다. 멸치육수에서 느껴지는 깊은 감칠맛 때문인지 처음에는 얼큰하지 않은 수제비를 먹는 것 같았다. 만두 소가 훈툰에 비해 작은 편이라 처음에는 소의 맛이 바로 나지 않고 얇은 만두피를 뭉쳐 먹는 듯했다. 아마도 수제비를 먹은 듯한 맛은 여기서 비롯되지 않았을까 싶다. 먹다보면 은근히 소 맛이 느껴지는데 돼지고기 육즙과 멸치육수의 감칠맛, 만두피의 전분이 달큼하게

완당 ⓒ 윤순일 　　　　　 발국수 ⓒ 윤순일

입안에서 삼박자를 이룬다. 여기에 깍두기 김치를 얹어 먹으면 그야 말로 진정한 한국인의 밥상이 완성된다.

　중국 본토의 훈툰은 기름진 육수에 옅은 고수 향이 배어 대륙의 맛이 느껴진다. 광둥 완탄은 깔끔한 국물에 탱글탱글한 에그누들의 식감이 독특하다. 일본 완탕은 진한 닭고기 육수에 라멘의 향기를 품고 있다. 부산 완당은 개운한 멸치·다시마·채소 국물에 시원한 김치가 올려진 대한민국 음식이다. 문화는 보편성과 다양성을 동시에 가지면서도 끊임없이 새로운 시도가 더해지며 발전한다. 특정 지역의 음식이었던 중국의 훈툰이 간단한 재료와 조리법의 장점으로 보편화되고 세계화되는 길을 걸었고 그 과정에서 각 지역의 특수성을 흡수해 완탄, 완탕, 완당이라는 다양한 모습으로 새롭게 재탄생했다. 시공을 뛰

탕

어넘는 서로 다른 문화의 공존과 융합을 엿볼 수 있으니 완당 한 그릇
에서도 배울 점이 참으로 많다.

윤순일 ◆ 부산대학교 중어중문학과 교수

고려대학교 중문과에서 학석사를 마치고, 푸단대학교 중문과에서 중국언어학으로 박사학위를 취득했다. 현재 부산대학교 중문과 조교수로 재직중이다. 주요 연구 분야는 역사언어학, 문법학이며, 최근에는 동아시아 문화와 언어 교육 방면에 관심을 두고 있다. 주요 성과로는 논문 「언어유형론의 관점에서 본 중국어 도의류 양상표현의 기원」「상고 · 중고 중국어 시기 조동사 '欲'의 변천」 등과 저 · 역서 『중국인의 밥상』(공저), 『중국인문지리』(공저), 『서주한어어법연구』(공역) 등이 있다.

해물

고등어

부산과 동고동락해온 물고기

우리에게 고등어보다 더 친근한 물고기가 있을까? 가격은 저렴한데 맛좋고 영양까지 풍부해서, 가정의 식탁뿐만 아니라 식당 정식 메뉴에도 빠지지 않는다. 고등어 자체가 가진 매력 덕에 대중가요 노랫말에도 종종 등장한다. 그래서인지 '가장 좋아하는 수산물'을 묻는 여러 설문 조사에서 고등어는 언제나 선두의 자리를 점하고 있다.

　지금이야 밥상에 쉽게 올라오는 생선이라 '국민 생선'이라고 부르지만, 고등어가 대중적인 반찬이 된 역사는 생각보다 길지 않다. 조선 시대에는 고도어古刀魚, 高刀魚, 高道魚, 古都語나 벽문어碧紋魚로 불렸던 고등어는 『세종실록지리지』나 『신증동국여지승람』에 함경도 등 몇몇 지역의 토산물이라는 언급이 보인다. 정약전의 『자산어보』, 허균의

『도문대작』, 서유구의 『난호어목지蘭湖漁牧志』에도 이 물고기의 명칭, 모양, 서식지, 특성에 대한 설명이 포함되어 있으며, 왕실 음식이나 제례와 관련한 조리서에도 종종 등장한다. 이로 미뤄보아, 조선시대에도 고등어는 분명 낯설지 않은 생선이었다. 그러나 보관과 운송 기술의 한계가 있었기에 지금처럼 대중적으로 사랑받는 생선은 아니었을 것이다. 서민의 대표적인 반찬으로 인기를 끌기 시작한 것은 일제강점기 이후였고 그 중심에는 부산이 있었다. 조일통상장정(1883)과 조일통어장정(1889)이 체결되면서 우리나라 연안에서 일본인의 어업 활동이 합법화되었다. 부산 지역으로 이주하는 일본 어민의 수가 점차 증가하면서 곧 부산은 수산물의 최대 집산지이자 일본 어민의 최대 근거지로 자리잡았다. 이런 변화 속에서 부산은 수산 가공업, 수산물 거래, 어선 건조 등 수산업의 중심지로 발돋움하게 된다(김청열·조대훈, 「어시장의 사적 변천과 발전과정에 관한 연구—부산공동어시장을 중심으로」, 『경영사학』 제28집, 2013, 155~162쪽).

국민 생선, 부산의 시어 고등어

고등어는 부산을 대표하는 물고기이기도 하다. 2011년 부산시는 여론 조사와 전문가의 심의를 거쳐 고등어를 시어市漁로 선정했다고 발표했다. 고등어의 푸른 등과 은백색 배가 드러내는 호쾌함, 굵고 강한 지느러미가 뿜어내는 역동적인 힘, 유선형 몸체가 끌어내는 재빠른 움직임 등이 부산의 정체성과 지향에 부합한다는 것이 부산시가 배포한 보도자료의 내용이다. 부산시는 외형적 특징을 중심으로 시어 선정의 이유를 밝혔지만, 사실 고등어는 부산을 대한민국 수산물 생산과 유통 산업의 선도도시 반열에 올려놓은 효자 어종이기도 하다.

파닥파닥 고등어가 열어젖히는 부산의 아침

우리나라 연근해에서 잡히는 고등어 중 80퍼센트 이상은 부산공동어시장을 거친 뒤 전국으로 퍼져나간다. 그러니 부산이 전국 고등어의 집결지이면서 전국 유통의 출발지로, 고등어가 국민 생선으로 등극하는 데 결정적 역할을 담당한 도시라 해도 크게 무리가 없을 듯하다.

서구 남부민동에 위치한 부산공동어시장은 우리나라에서 최초로 세워진 근대식 어시장이다. 현재 대한민국 수산물의 30퍼센트가 이곳에서 유통되는데 여기서 위탁 판매되는 수산물 중 가장 큰 비중을 차지하는 것이 바로 고등어다. 매일 밤 연근해 고기잡이를 마치고 돌아온 어선들이 이곳으로 모여든다. 어선들이 입항해서 어획물을 신고하면, 이제부터는 부산 아지매들의 활약이 시작된다. 일명 '부녀반'이라고 불리는 이들은 어획물을 크기와 종류에 따라 분류하고 상자에 담는 작업을 한다. 적게는 몇천 상자, 많을 때는 몇만 상자 분량의 고등

(위) 부산공동어시장에서 경매를 앞둔 고등어
(아래) 고등어 경매에 참여하기 위해 모여드는 상인들
ⓒ 이민경

어를 수 초 내에 크기를 파악해 재빠른 손놀림으로 상자에 담는 일을 밤새 쉴 틈 없이 수행한다. 우리가 신선한 고등어를 먹을 수 있는 것은 이 아지매들의 노고 덕분이기도 하다. 그러나 최근에는 분류 작업에 자동화 시스템이 도입되고 기존 인력이 고령화되면서 이 같은 풍경도 곧 사라질 전망이다.

아지매들의 수작업이 마무리되고 확인 절차를 거친 후, 새벽 6시 종소리가 울려퍼지면 수산물 경매가 시작된다. 경매사들이 목청을 높이면 입찰에 참여한 중도매인의 손짓이 빨라진다. 적당한 가격에 실한 놈을 낙찰받은 이들의 얼굴은 환해지고, 그렇지 못한 이들은 탄식 어린 욕설을 내뱉기도 한다. 이곳은 희비가 교차하는 치열한 삶의 현장이기도 하지만, 고등어가 활짝 열어젖힌 활기찬 부산의 아침을 가장 잘 보여주는 장소이기도 하다.

애쓴 그대들을 위한 든든한 한 끼: 고등어 정식, 고등어 추어탕

고등어가 국민 생선이 되는 데 부산의 아지매들과 아재들이 큰 역할을 담당한 것도 사실이지만, 반대로 부산이 성장하는 데 고등어에게 진 빚도 상당하다. 공동어시장에서 분류 작업을 하는 아지매들, 얼음을 가득 실은 고등어 상자를 옮기는 아재들, 경매사, 냉동 창고의 노동

부산공동어시장 구내식당의 고등어정식.
시간대에 따라서 잡어를 구이가 아닌 조림으로 올리기도 한다. ⓒ 이민경

자들, 자갈치 아지매 등을 비롯해 수많은 부산 시민의 생계를 뒷받침
해온 생선이기 때문이다. 고등어의 역할은 새벽 시장의 활기를 불어
넣는 데에서 그치지 않는다.

　한밤중부터 새벽까지 비린내 가득한 곳에서 고된 노동에 애쓴 이
들의 속을 든든하게 채워주는 것도 고등어다. 공동어시장 주변 식당
에 가서 고등어 정식을 주문하면, 기름에 튀기듯이 바싹 구운 큼지막

한 고등어 한 마리와 갈치나 납세미(가자미의 부산 사투리) 등 작은 생선구이 몇 마리에 묵은지와 함께 조려낸 고등어조림 그리고 각종 밑반찬까지, 푸짐하면서도 정갈한 한 상이 차려진다. 비교적 저렴한 가격임에도 반찬 구성은 실하고 위판장에서 막 가져온 싱싱한 고등어라 맛은 두말할 나위 없이 훌륭하니, 이보다 가성비 좋은 한 끼가 있으랴! 푸짐한 고등어 정식 한 상은 가족을 위해 고생한 노동자들에게 주는 격려다.

몸이 으슬으슬하거나 힘겨운 노동에 지쳐 몸보신이 필요한 이들을 위해서 부산의 고등어는 '고등어 추어탕'으로 변신한다. 원래 추어탕은 미꾸라지를 주재료로 만든 음식이지만, 부산에서는 가격깨나 하는 미꾸라지를 대신해 손쉽게 구할 수 있고 값싼 고등어로 탕을 끓였다. 이것이 바로 고등어 추어탕이다. 이처럼 부산에는 미꾸라지를 주위에서 구하기 쉬운 수산물로 대체해 추어탕 방식으로 조리한 음식이 여럿인데, 매가리추어탕(해운대·기장), 붕장어추어탕(강서구), 웅어추어탕(낙동강 하구), 방게추어탕(기장) 등이 그것이다(최원준, '해양도시 부산에서 만나는 가을의 맛 바다 추어탕', 웹진 〈부산이라 좋다〉, 2021.11.1).

영도를 시작으로 부산 전역으로 퍼져나간 고등어 추어탕은 고등어를 푹 삶은 뒤 뼈까지 곱게 갈아서 우거지와 시래기 등을 육수에 넣고 끓여내 만든다. 펄펄 끓는 뚝배기가 상에 올라오면, 방앗잎이나 고추, 마늘을 넣고 제피가루를 팍팍 친다. 그 칼칼한 국물을 한 숟가락 크게 떠 목구멍으로 넘기면, "캬~" 소리가 절로 나면서 순식간에 몸의 피로가 반쯤은 날아간 듯한 느낌이 든다. 해가 아직 머리 위에 오지 않은 오전 시간인데도, 또 분명 이것은 '해장국'인데도 소주 한잔이 간절해지는 오묘한 음식이 바로 고등어 추어탕이다.

고등어 정식 혹은 고등어 추어탕은 비린내 가득한 공간에서 깜깜한 밤부터 어슴푸레한 새벽까지 찬바람 마주하면서도 추운 줄 모를 정도로 쉼 없이 움직여야 했던 이들에게 잠시의 휴식을 선사한다. 밤이 되면 다시 땀으로 승부하는 삶의 전장에 나와야 할 테지만, 적어도 낮 시간 동안은 따뜻하게 배 채우고 편히 한숨 자두라는, 고등어가 전하는 토닥거림인 것만 같다.

오늘도 수고했어: 고갈비, 고등어회

이제 웬만한 사람은 다 아는 이름 고갈비, 그 시작은 비교적 고등어 값이 싼 부산이었다. 고등어를 반으로 갈라서 연탄 화로에 올린 석쇠나 철판에 구워낸 음식을 고갈비라고 한다. 고갈비라 불린 건 다들 주머니 사정이 넉넉지 않던 1960년대부터였는데, 명칭과 관련해 크게 두 가지 설이 있다. 소갈비·돼지갈비 못지않게 맛난 고등어라 고갈비라고 불렀다는 설, 큰 살점 다 먹고 나서 남은 등뼈에 붙은 살까지 갈비처럼 뜯어 먹었다고 하여 고갈비가 되었다는 설도 있다. 대학생이나

고갈비 ⓒ 이민경

서민들이 즐겨 먹었다는데, 부스러기 살까지 먹는 이유는 얇은 지갑 탓이 아니라 '고갈비'가 소갈비만큼 맛있기 때문이라며 스스로와 상대의 체면을 보듬어 준 것은 아닐까? 고갈비를 주문하면 고등어살 위에 양념장을 뿌리기도 하고, 간장을 따로 제공하기도 하는 식이다.

자갈치시장에서 10분쯤 걸어가면 한때 '고갈비 골목'이라 불리던 곳이 나온다. 1950년대에는 구두나 양복을 만들던 영세 규모 가내 공장과 판잣집이 있던 곳인데, 할매집, 남마담집을 시작으로 고갈비와 막걸리를 파는 가게들이 들어선다. 1970~1980년대에는 담배집, 돌고래, 청기와집, 맘보, 고바우, 물갈비, 갈박사, 단골집, 청코너, 홍코너 등 열두엇 가게들이 성업을 이루었다고 한다(주경업, '광복로 뒷길, 고갈비 골목', 부산일보, 2015. 5. 13.). 고등어 굽는 냄새와 연기가 피어오르던 그 골목에서 가난한 대학생, 연인, 노동자 들은 막걸리를 앞에 두고 마주앉아 서로를 다독였을 것이다. 비록 주머니 사정은 넉넉지 못해도 청춘이 소소하게나마 낭만을 즐기고, 소시민이 한잔 술로 각자의 수고를 위로할 수 있도록 도와준 것은 저렴한 안주 고갈비였다.

1997년 IMF를 거치면서 고갈비 가게는 하나둘 문을 닫기 시작했

남포동고갈비골목에서 유일하게 영업중인 남마담집 ⓒ 이민경

다. 이제 이 골목에 남은 가게는 남마담집과 할매집까지 둘이지만, 여전히 영업을 하는 곳은 남마담집 한 곳밖에 남지 않았다. 전과 비교할 수 없을 정도로 소득 수준이 높아져 다양한 먹거리를 찍고 맛보고 즐기는 시대가 되었으니, 고갈비같이 소박한 안주는 예전만큼 인기를 누리기 어려운가보다.

그동안 고등어는 "빈자貧者의 꽃등심"이라 불렸고 고등어를 재료로 만든 요리는 서민 음식의 대표와 같았다. 다른 도시에 비해 값싼 고등어를 구하기 용이한 부산에서는 특히 그러했다. 그런데 부산에서도 고가의 고등어 요리가 있으니, 바로 고등어회다.

고등어는 산패가 빠른 생선이라 비린내가 나기 쉽다. 그래서 신선도를 담보하기 어려운 내륙 지역에서는 생선회로 만나기 어렵다. 바다를 끼고 있는 부산에도 고등어를 활어회로 파는 곳보다는 '초회'로

고등어회 ⓒ 이민경

내어놓는 식당이 많다. 고등어 초회는 일본의 시메사바 방식을 적용한 것으로, 염장한 고등어를 식촛물에 담궈 충분히 숙성시켜서 비린내와 잡내를 없앤 요리이다. 구이나 조림, 탕 등 익히는 고등어 요리에 비해 훨씬 더 많은 시간과 기술을 들여야 하는 음식이라 고등어회는 결코 저렴하지 않다. 하지만 맛이 깔끔하고 식감도 좋은 것은 물론이요 플레이팅도 아름다운지라, 상당한 인기를 누리는 음식이기도 하다.

고등어는 부산을 대한민국 수산물 생산과 유통산업의 선도도시 반열에 올려놓은 효자 어종이고, 자갈치 아지매들을 비롯한 수많은 부산 시민들의 생계를 책임져온 든든한 생선이다. 또한 새벽에는 생물로 공동어시장에 활력을 불어넣고, 식사 때는 구이 반찬이 되어 노동에 애쓴 서민들을 저렴하게 배불리고, 밤에는 고갈비로 변신해 주머니 사정 넉넉지 않은 이들도 고된 하루를 위로받을 수 있게 해주었다. 부산과 동고동락해온 고등어, 그러니 부산의 물고기로 고등어보다 더 어울리는 물고기가 있겠는가?

이민경 ◆ 국립부경대학교 인문사회과학연구소 HK연구교수
부산대학교 중어중문학과를 졸업하고 베이징사범대학교에서 박사학위를 취득했다. 현재 국립부경대학교 인문사회과학연구소에서 HK연구교수로 재직중이다. 주로 소설『삼국지』를 주제로 삼아 연구해왔는데, 「『삼국연의』 콘텐츠의 수용과 재해석 고찰: 온라인 커뮤니티의 담론을 중심으로」 「중국 동남 연해지역의 관우문화 고찰: 福建 東山을 중심으로」 등의 논문과 저서『바다를 건넌 물건들 Ⅱ』(공저)을 발표했다.

맛좋은 외교관, K-푸드의 조상

~~~~~~~~~~

대구

부산 동삼동에는 커다란 조개무덤이 있다. 이 조개무덤에는 아득히 먼 옛날 부산 사람들이 살았던 삶의 흔적이 켜켜이 쌓여 있다. 그 가운데 오롯이 남겨진, 커다란 대구 뼈를 통해 이 물고기가 오래전부터 부산의 맛으로 자리해왔음을 알 수 있다.

부산 겨울 바다의 오래된 주인공

쌀쌀한 겨울바람이 불어오는 계절이면 대구는 부산 바다의 주인공이 된다. 조개무덤 시대부터 지금에 이르기까지 이 입이 큰 물고기는 부산 먹거리의 한 축을 담당했다. 그 이름을 큰 '대大'에 입 '구口'를 써서

대구어大口魚라는 한자로 쓰기도 하고, 커다란 입이 있는 물고기임을
강조하기 위해 위아래로 나란히 글자를 배열하여 대구 '화夻' 한 글자
로 표현하기도 한다. 여하튼 커다란 입에 바다의 맛을 담뿍 담아낸 물
고기임은 틀림이 없다.

　조선 후기 문인 이학규는 친척인 천주교 신자 황사영의 백서帛書사
건에 연루되어 부산 인근 김해로 유배되었다. 갑자기 떨어진 유배지
에서 그는 오히려 유배지의 풍습과 문화를 흥미롭게 관찰하며「금관
기속시金官紀俗詩」를 지었다. 그중 겨울 부산의 대구를 다음과 같이 읊
었다. "마침 시장에 나왔다는 소식 있으니, 대구가 새 맛이라 유달리
살져 있네." 그리고 이 시의 말미에 "대구의 산지는 가덕포로 그곳에

제철 가덕 대구 판매 시장의 현재 모습 ⓒ 최진아

서는 청어와 대구가 난다"라고 설명을 달아놓았다. 또한 햇대구가 나와서 시장에서 거래되는 시기가 동지 즈음이라고 밝혔는데 이는 분명히, 대구가 겨울 부산 바다의 오래된 주인공임을 의미하는 것이다.

조선 순조 시기의 서유구가 저술한 『임원경제지』에도 대구가 시장에서 판매되는 상황이 비슷하게 등장했다. 그는 동래, 웅천, 진해의 장터에서 대구가 유통된다고 기록했는데 동래는 부산의 옛 이름이고 웅천과 진해는 앞서 언급한 부산 인근 가덕도 어장을 말하는바, 겨울철 대구는 부산 인근에서 빠질 수 없는 일상의 맛이자 보편적인 물고기로 존재했음을 알 수 있다.

바싹 말려져서 여행을 떠나다

대구는 겨울철 물고기이기에 그 시기가 지나면 맛볼 수가 없다. 게다가 수산물의 특성상 날씨가 따뜻해지면 쉽게 부패되기도 한다. 그래서 부산에서는 대구를 오래 보존하기 위해 소금에 절이거나 젓갈로 담그기도 하고, 건조하여 대구포로 만들어서 유통시키기도 했다. 특히 낙동강의 명지도에서 생산된 소금은 대구를 가공하기에 적격이었다. 19세기 김해 지역 시장에서 파는 물건 가격을 기록한 『김해읍지』에서는 신선한 상태로 파는 생대구와 말린 대구의 가격을 모두 한 마리에 1전 3푼이라고 적어놓았다. 이는 겨울철 생대구만 잠깐 소비되는 것

건조중인 대구 ⓒ 김규호

이 아니라 말린 건대구에 대한 수요도 늘 존재했음을 의미한다. 그렇다면 왜 건대구가 필요했을까?

조선 후기로 접어들면서 유교는 일반 서민층에게까지 보급되었다. 자연히 각종 제사가 중요한 집안 행사가 되며 제수로서 건어물의 수요가 폭발적으로 증가했다. 특히 신선한 생선을 장만하기 어려운 내륙 지역에서는 말린 대구를 미리 준비하여 제사를 모시기 위해 정성을 다하는 것이 매우 중요한 일이었다. 이러한 상황 속에서 부산의 겨울 대구는 바싹 말려진 상태로 여행을 떠난다. 낙동강 하구에서 출발하는 대구의 여정은 낙동강 물길을 따라 상류로 향한다. 사문진沙門津, 낙동진洛東津 등의 굵직한 포구에서 말린 대구는 각각 그 인근으로 나뉘어 판매된다. 이윽고 낙동강 물줄기 끝에 해당하는 안동 지역에 이르면 그곳의 커다란 시장인 풍산장豊山場에 도착한다. 제사를 준비하며 대구가 오기만을 기다렸을 내륙 사람들은 장날을 기대하며 부산 바다의 입 큰 물고기를 무척 반겼으리라. 그런데 실제로 말린 대구는 조선 후기 훨씬 이전부터 유통됐던 것으로 보인다. 경상북도 안동·영양 지역의 양반인 정부인貞夫人 장씨1598~1680는 자신이 즐겨 요리하는 음식의 레시피를 『음식디미방』이라는 책으로 엮어 냈다. 제사와 손님 맞이를 위한 장씨 부인의 레시피 가운데 '대구껍질 누르미'와 '대구껍질채'라는 음식은 대구를 기본 재료로 사용한 음식이다.

대구껍질을 비늘이 없도록 매우 씻어 물에 삶아 가늘게 썰어, 석이버섯을 부수어 넣고 함께 썰어, 단간장에 골파를 넣어 채 썰어놓은 곳에 양념을 채워 식초를 넣어 쓰라.

대구껍질을 그렇게 씻어 삶아 파를 한 치씩 썰어 그 껍질에 둘러 말아 초간장에 진가루로 즙하여 끓여 초를 놓아 쓰라.

위 레시피는 '대구껍질채'를 만드는 두 가지 버전의 레시피다. 정교하고도 품위 있는 내륙 양반가의 음식을 이루기 위해서 장씨 부인은 낙동강을 따라 부산에서 올라온 대구를 미리 장만하고 특별한 행사 때마다 이 요리를 선보였을 것이다.

한양의 귀한 음식, 귀양 가는 임금님의 허기를 달래다

양반가 음식의 원류는 궁궐 음식이다. 그래서 조선왕조의 음식 기록 문서에는 항상 대구가 자리한다. 왕실의 생일잔치, 제사, 관례, 가례 등 행사에는 최상품으로 진상된 대구가 사용되었다. 실제로 『세종실록지리지』 「경상도」 편에 의하면 대구는 경상도 대읍大邑의 주요 공물이었다. 또한 1671년현종 12부터 1697년숙종 23까지의 진상품 목록을 기록한 『천신진상등록薦新進上謄錄』에 의하면, 종묘에서 월별로 천신(철따라 새로 난 과실이나 농산물을 먼저 신위에 올리는 일)하는 제수 중에 대구는 음력 10월, 즉 양력 11월·12월에 올리는 품목이었다. 이처럼 공물로 올라간 대구 외에 민간의 필요에 의해 유통된 대구도 한양에 널리 퍼졌는데 19세기경 한양의 풍물을 다룬 「한양가」에서는 다음과 같이 노래했다.

어물전 살펴보니 각색 어물 벌여 있다.
복어, 관목, 꼴두기며 민어, 석어, 통대구며……

어물전에 민어, 석어와 같이 진열된 통대구는 생것의 대구가 아니라 배를 갈라 내장을 제거하고 통째로 말린 대구를 말한다. 어물전의 커다란 통대구를 바라보는 한양 사람들은, 한 번도 가본 적 없는 남쪽 바다의 깊은 맛에 분명히 매료되었을 것이다.

말렸거나 생것이거나 대구에 대한 애호는 일상의 감정과 생각에도 스며 있다. 근대 시기인 1929년, 이광수가 동아일보에 발표한 연재소설 「단종애사」는 세조의 단종 왕위 찬탈에 대한 이야기다. 여기에 어느 충직한 백성이 노산군으로 강등되어 영월로 쫓겨가는 단종에게 대구포를 몰래 올리는 장면이 등장한다.

무엄하온 죄는 만 번 죽어 마땅하오나 상감마마 로중에서 수라 못 잡수신 말슴을 듯삽고 소신이 시루떡과 대구어 자반을 바치오니 래일 가시는 길에 행장 속에 감추시엇다가 내어서 잡수시옵소서.

소설 속 단종은 한양에서 영월 땅으로 오는 내내 음흉하고도 포악한 수양대군, 즉 세조의 명령으로 물 한 모금도 공급받지 못한 굶주린 상태였다. 어느 충직한 백성이 그

대구포 만드는 모습 ⓒ 최진아

92

모습을 보고 마음이 몹시 아팠다. 그가 임금에 대한 백성의 도리를 다 하고자 갓 쪄낸 시루떡과 같이 올린 대구포는 제수용으로 집안에 장만해두었던 것으로 추정된다. 백성이 미리 대구포를 갖춰두었다는 정황은 이 백성이 세조와는 완전히 다른, 유교 이념에 충실한 사람임을 의미하기도 한다. 소설 속 대구어 자반이란 대구를 손으로 잘게 찢은 음식을 말한다. 아마도 단종은 백성이 정성으로 올린 짭짤한 대구어 자반을 먹으며 원기를 회복했을 것이다. 그리고 독자들은 바로 이 대목에서 주체할 수 없이 흐르는 짠 눈물을 닦았을 것이다.

입이 큰 물고기, 외교관이 되다

앞서 부산의 대구 판매에 대해 기록한 이학규는 그의 글에서 "부산 인근 바다의 대구를 초량 등지 왜관 근처 시장에서도 판다"고 언급했다. 이는 곧 부산에 거주하는 일본인들이 대구를 공급받아 자연스럽게 맛보았을 가능성을 의미한다. 실제로 일본의 문인이자 관리였던 아메노모리 호슈는 1729년 초량 왜관에 와서 머물 때 조선 관리로부터 세밑에 오리, 청어와 함께 대구를 선물로 받는다. 부산의 대구를 받은 아메노모리 호슈는 크게 기뻐한다. 세밑, 겨울이니 아마도 말린 대구보다는 동지 즈음 갓 나온 생대구였을 가능성이 크다. 이처럼 대구는 조선과 일본을 잇는 맛좋은 외교관 역할을 했다. 1711년 조선 통신사가 일본을 방문했을 때에도 대구는 이미 외교관의 역할을 톡톡히 수행했다. 당시 일본 막부에서는 조선 사람들이 좋아하는 음식 재료로 '대구'를 기록하며 통신사를 위한 잔칫상 마련에 만전을 기했다. 일본 막부에서 조선통신사 일행에게 정성껏 차려낸 메뉴에는 '대구 살을 데쳐서 매실, 설탕에 절인 요리' '대구를 소금에 절여 건조한 포' 등 다양한 대구 요리가 등장하며 조선과 일본의 관리들이 환담을 나누는 자리를 빛냈다.

일본에서는 대구의 살코기가 눈처럼 하얗기에, 혹은 눈이 내리는 계절에 대구를 잡기에 대구를 설어鱈魚로 부른다. 대구가 큰 입으로 무엇이든지 탐욕스럽게 먹는다는 점에 기반하여 '배불리 먹는다'는 뜻의 일본어 '다라후쿠鱈腹'의 어원이 되었다고도 한다. 당시 에도 막부가 자리한, 지금의 도쿄 근처에서는 대구가 잡히지 않았기에 대구는 먼 곳에서 손질된 상태로 에도로 운송되었다. 그런데 일본식 대구의 손질 방법이 좀 독특하다. 절대 배를 가르지 않고 대구의 큰 입을 통해 내장을 먼저 뺀다. 그런 다음 입안으로 소금을 집어넣어 염장처리를 한다. 일본에서는 이를 신타라新鱈라고 불렀다. 특히 사무라이 집안에서는 대구의 배를 가르지 않고 손질하는 점이 사무라이가 함부로 할복하지 않는다는 것과 같다고 여겼다. 그래서 신타라는 지조를 상징하는 귀한 생선으로 여겼고 세밑이나 정월이면 신타라를 선물받고 싶어했다.

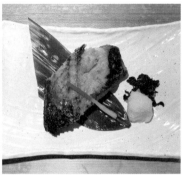

일본 대중음식점의 대구 요리 메뉴판과 대구 설탕 조림 ⓒ 김상원

　입이 큰 물고기 대구는 일본과의 관계에서 외교관일 뿐 아니라 중국과의 관계에서도 오랜 외교관으로 활약했다. 조선의 문인 이수광은 "대구는 중국에서 나지 않기에 중국인들이 진미로 여긴다. 그래서 북경에 가는 사람들은 대구를 준비하여 간다"라고 했다. 또한 허균도 "대구는 중국인이 제일 좋아한다"라고 언급했다. 대구는 이미 조선 초기인 성종(1477) 때부터 명나라 황제에게 바친 공물이었다. 당시 명나라 황제인 성화 황제는 조선에서 바친 대구를 매우 좋아해 조선에서 황제의 생일에 맞추어 대구 500마리를 별도로 진상한다. 그러자 이듬해인 1478년에는 황제가 아예 칙명을 내려서 조선에 대구 진상을 요구한다. 이에 조선에서는 건대구 500마리를 또다시 보낼 수밖에 없었고 이후 건대구는 조선 왕실과 명나라를 잇는 외교관 역할을 한다.

대구가 나지 않는 중국에서 한 번 대구 맛을 본 사람들은 그 맛에 매료되어 다시 대구를 먹기 위해 무진 애를 썼다고 한다. 19세기 조선의 문인 조재삼은 중국 사람들의 '대구 홀릭'에 대해 재미난 기록을 남겼다.

대구는 중국에서 나지 않기 때문에 중국 서적들에 보이지 않는다. (…) 지금 교역 시장에서 중국인들은 대구 살을 단단하게 만드는데 대구 한 마리를 방안에 던져 넣어주면 방에 들어가서 문을 잠가버린다고 한다. 그들은 대개 대구를 진미로 여기기에 육즙을 좋아하는 파리처럼 맛나게 먹는다.

대구에 열광하는 중국 사람들을 묘사한 대목을 보면 그 시절 대구야말로 'K-푸드'의 조상쯤에 해당된다 해도 과언이 아닌 듯하다. 입이 큰 물고기의 맛 앞에서는 황제로부터 일반 백성까지, 조선 사람이든 중국, 혹은 일본 사람이든 관계없이 모두 평등했다. 대구는 이렇게 동아시아에서 가장 맛있고도 멋진 외교관 역할을 한 것이다.

다시 부산 겨울 바다의 주인공이 되다

대구를 어렵하는 부산 일대 바다에서 내는 세금은 조선시대 국가의

중요한 수입원이었지만 늘 말썽이 많았다. 이에 다산 정약용은『경세
유표』에서 부산의 대구 어장마다 부과되는 세금이 다르고, 중간에 세
금이 새어나가는 경우도 많기에 세금 제도가 바뀌어야 한다고 지적할
정도였다. 대구 어렵의 문제점이 거론될 만큼 대구 어렵이 흥성했고
대구가 국가의 주요 세수입원이었다는 의미이기도 하다. 그러나 20세
기 들어 부산 일대의 대구 잡이는 점점 예전만 못해진다. 1930년대에
는 부산 바다의 대구 잡이 흉어가 지속되고 있다는 내용의 신문기사
가 연이어 등장한다. 이어서 대구 치어를 부산 일대 바다에 방류하고
어렵을 금하기까지 하지만 별 효과를 보지 못했고 부산 겨울 바다의
대구는 그 모습을 점차 감추게 되었다. 세월이 흘러 1980년대, 다시
치어 방류 사업이 본격적으로 시작되었다. 끈기 있게 진행된 방류 사
업은 성공했고 입 큰 물고기 대구는 부산 겨울 바다로 당당히 귀환하

대구탕, 대구전, 대구회까지 곁들인 대구 삼합 코스 요리 ⓒ 최진아

였다. 우리가 지금 부산 일대에서 맛보는 대구 요리는 모두 1980년대 방류된 치어의 후손인 셈이다.

쌀쌀한 바람이 부는 초겨울, '가덕 대구 입하'라는 음식점 광고를 부산 인근 어디에서나 흔히 볼 수 있다. 싱싱하고 커다란 알과 부드러운 이리가 가득한 부산의 대구는 특별한 양념을 넣지 않고 재료 그대로의 맛을 살려 뜨끈한 대구탕으로 끓여낸다. 이러한 부산식 대구탕은 20세기『조선무쌍신식요리제법』에서 소개한 아래의 '대구국' 조리법과는 좀 다르다.

생선 대구를 썰어서 오장 빼고 알이나 이리는 떼어 원통으로 노았다가 살과 대가리나 뼈를 토막 지어 고초장의 된장 석거 걸러 붓고 콩나물 꽁지 따서 넣고 간 맞초아 끓이다가 용서슴하거든 토막 진 거와 알이나 이리는 원통으로 느어 한데 끓여 뼈가 무르거든 떠내어 먹을 제 알이나 이리는 떠서 그릇에 나누어 뜨느니라.

당시 신식 조리법으로 소개된 위의 대구국 끓이는 법은 고추장, 된장의 양념 맛을 더한 것으로 부산의 대구탕과는 좀 다르다. 부산의 대구탕은 산지의 자부심으로 양념조차 필요없다. 오히려 양념이 대구의 본맛을 해칠까봐 염려하는 듯하다.

입 큰 물고기의 맛은 겨울 부산의 일상이다. 일상의 맛 속에 일본과 중국을 품는 넉넉하고 당당한 자부심의 부산 바다 주인공, 그가 바로 대구다.

최진아 ◆ 부산대학교 중어중문학과 교수
이화여자대학교 중어중문학과를 졸업하고 연세대학교에서 문학박사학위를 취득했다. 이후 중국사회과학원 문학연구소와 스탠퍼드대학교 아시아태평양센터(APARC)의 방문학자를 거쳐 현재 부산대학교 중어중문학과에 몸담고 있다. 대표 논저로는 「환상, 성별, 문화: 한국 학자의 시각으로 본 중국고전소설」과 『중화미각: 짜장면에서 훠궈까지, 역사와 문화로 맛보는 중국 미식 가이드』(공저) 등이 있다.

낙동강 갈대숲의 봄철 한정판 물고기

〜〜〜〜〜〜〜〜〜〜〜〜〜

웅어

부산 서쪽의 낙동강 물길 가운데 남해의 짠 바닷물과 내륙의 청량한 강물이 서로 만나는 지점이 있다. 이렇게 바닷물과 강물이 만나는 곳을 '갯물' 지역이라고 하는데 낙동강 갯물 지역의 무성한 갈대숲에는 아주 특별한 물고기가 깃들어 있다. 그 물고기는 봄이 만개한 5월이면 "우웅~" 하는 떨리는 소리로 운다고 하여 웅어라고 불린다. 갈대숲에 산다고 하여 위어葦魚라고도 하고 칼처럼 뾰족하고 날카로운 몸체를 가져서 도어刀魚, 刬魚라는 별명도 있다.

갈대숲에 깃든 특별한 맛

웅어의 맛이 최고조에 달하는 계절은 낙동강 풍경의 변화와 관계가 깊다. 부산의 문학가 김정한은 낙동강의 봄 풍경을 "뒷기미의 하늘에 별안간 아지랑이가 짙어오고 모래톱 밭들에는 보리 빛이 한결 파릇파릇 놀랄 만큼 싱싱해진다"(「뒷기미 나루」)라고 표현했다. 이러한 낙동강의 파란 보리 빛은 5월이 되면 곧 온 천지 가득히 누렇게 변한다. 보리누름 계절이다. 그리고 웅어의 맛은 이때 완전히 차오른다. 담백하면서도 고소하며 아직 뼈가 연한 웅어는 단연 5월 물고기 중 으뜸이다. 그래서 낙동강 뱃길을 따라 멀리 내륙으로도 운송되어 그 맛을 떨

낙동강

쳤다. 『신증동국여지승람』에서는 낙동강 일대의 주요 토산품으로 웅
어의 한자 이름인 위어를 명기했다. 위어는 명지도鳴旨島에서 생산한
소금과 같이 구포, 삼랑진 등의 포구를 거쳐 저멀리 경상북도 내륙까
지도 그 맛이 전해졌다.

한정된 계절에만 갯물 지역에, 그리고 무성한 갈대숲에 가려 살기
에 웅어는 태생적으로 누구나 귀하게 여기는 특별한 맛일 수밖에 없
었다. 그래서 조선 왕조에서는 서울 근처 김포의 갯물 지역에 위어소葦
魚所라는 웅어를 왕실에 진상하는 관청을 설치할 정도였다.

웅어의 특별한 맛은 옛 요리서에도 소개되었는데 그 가운데 조선시
대 요리서인 『규합총서』에서는 웅어회 만드는 법을 "웅어회는 풀잎같
이 저며 종이 위에 놓아 물과 기름을 뺀 후, 회를 쳐야 좋다"고 설명했
다. 『규합총서』의 저자는 웅어회에는 본디 기름이 감돌기에 미리 겉
도는 기름을 제거해야 더욱 고소하고도 담백한 회가 완성된다고 여긴
듯하다.

웅어회에 대해서는 우리나라 근대 시기 요리서인 『조선무쌍신식요
리제법』에서도 구어체를 섞어 그 특별한 맛을 극찬했다.

웅어는 한때에 제일가게 먹는 것이니 굵은 것은 뼈가 거세어 회에
합당치 않고 적은 것이라야 대가리 떼고 비늘 긁고 통으로 어슷하
게 썰어 막걸리에 빨거나 참기름에 무치거나 하여 초고추장에 찍어

먹으면 고소한 맛이 일등이다.

이 요리서에서는 기름장을 발라서 얕은맛을 내게 하는 '웅어구의葦魚炙'(웅어 구이), 고추장과 파를 넣고 자박하게 끓여내는 '웅어 찌개'도 소개한다. 다만 재미난 사실은 '웅어전유어葦魚煎油魚', 즉 웅어의 생선전은 '뼈도 굵고 맛도 밴댕이만 못하니 만들지 말라'고 설명한다. 아마 요리서의 저자는 웅어의 경우 뼈를 발라내면 살꼽이 많이 나오지 않기에 생선전 재료로는 맞지 않다고 생각했던 듯하다.

웅어는 모양이 칼처럼 뾰족하다고 하여 도어라는 별칭을 지녔기에 간혹 계도어魚戒魛魚라는 다른 물고기가 웅어로 잘못 소개되기도 한다. 조선 후기 사람인 김려金鑢가 우해牛海, 즉 지금의 진해 앞바다로 귀양 와서 쓴 책인『우해이어보牛海異魚譜』에서는 옥수수 밭에 들어가 농사를 망치는 얄미운 물고기인 계도어를 소개하는데 사람들은 종종 계도어를 웅어로 오역하기도 했다. 실제로『우해이어보』에 등장하는 계도어는 맛이 시큼하고 흙냄새가 나는, 회충 치료에 효험이 있는 물고기로 나타나는데 이는 '드렁허리'라고 불리는 완전히 다른 물고기다. 더군다나 진해 앞바다는 갈대

초고추장에 버무린 웅어 무침
ⓒ 최진아

숲과 갯물이 없는 지역이기에 계도어는 결코 웅어가 될 수가 없다. 이렇게 엉뚱한 물고기가 하마터면 웅어로 둔갑할 뻔하기도 한다.

청명절 중국 웅어는 장강의 최고 별미

봄 갈대숲 사이에 깃들어 사는 웅어는 우리나라뿐 아니라 중국에서도 특별한 계절 별미로 인식되어왔다. 중국 남쪽, 대륙에서 바다로 뻗어 나가는 장강 하류의 갯물 지역은 예로부터 봄이면 웅어가 잡히는 곳이었다. 중국에서는 웅어의 계절이 우리보다 조금 더 앞선 4월 청명절淸明節 부근이다. 청명절이 지나면 웅어의 뼈가 억세진다고 하여 중국 사람들은 예로부터 청명절에 최고의 웅어를 기다렸다.

"봄 강물, 아련한 안개 속에 웅어가 나오네." 장강 하구에 사는 중국 사람들은 이렇게 웅어를 기다리는 노래를 부르며 웅어의 계절을 만끽했다. 그렇다면 중국에서는 웅어를 어떤 요리로 즐겼을까? 청나라 시기 문인 원매는 요즘 표현을 쓰면 그야말로 '요리 덕후'였다. 그는 저작 『수원식단隨園食單』에서 자신이 좋아하는 요리의 레시피와, 식재료를 다룬 경험을 기록했는데 그중 웅어 요리 레시피를 다음과 같이 몇 가지 소개했다.

웅어를 꿀과 술지게미, 맑은 간장에 재어둔다. 그리고 수분을 더하지 말고 그대로 쪄 먹으면 아주 맛있다. 또는 돼지 다리 염장한 것의 국물, 닭 국물, 죽순탕과 같이 푹 고아 먹어도 좋다. 금릉金陵(지금의 난징) 사람들은 웅어의 가시가 많은 것을 싫어해서 웅어를 바싹 말린 다음에 기름에 노랗게 될 때까지 튀겨서 먹는다.

원매가 소개한 웅어 요리 방식은 지금 중국에서도 여전히 전해진다. 청나라 광서 31년인 1905년 중국 상하이에서 개업한 웅어 요리점인 라오반자이老半齋에서는 웅어를 장강도어長江刀魚라고 부른다. 봄철마다 라오반자이에서는 청나라 때의 웅어 요리법 그대로 웅어 백숙, 웅어 튀김을 만들거나 홍샤오紅燒라는 중국식 조림, 혹은 웅어 국수 요리를 선보인다. 그러나 현재 상하이의 웅어는 장강의 갈대숲에서 공급된 본래의 것이 아니란다. 최근 장강 일대가 개발되면서 갈대숲이 파괴되어 웅어의 서식지가 사라지니 중국 정부에서 웅어 어렵을 금지했다고 한다. 그래서 지금 중국에서는 부산 낙동강의 웅어를 냉동하여 수입해 청나라 웅어 요리의 명맥을 살려낸다고 한다.

갈댓잎이 변한 일본의 웅어

웅어는 우리나라와 중국에서뿐 아니라 봄철 갯물 지역, 갈대숲이 있는 지역이면 어디든 바로 그곳의 별미가 된다. 오래전 진시황은 도사

상하이 웅어 요리집 라오반자이 ⓒ 임혜빈

서복을 시켜 동남동녀를 이끌고 멀리 동쪽으로 불사약을 찾으러 가게
했다. 험한 항해 끝에 서복 일행은 한국 땅을 거쳐 일본 사가현에 도착
했다고 한다. 일행이 상륙한 곳은 치쿠고가와_{筑後川} 하류 모로토미초
_{諸富町}라는 곳이었다. 그런데 서복 일행은 그곳에 있는 가타하노아시_片
_{葉の葦}라는 무성한 풀 때문에 앞으로 더이상 나아갈 수가 없었다. 이에
서복은 손으로 가타하노아시를 직접 치면서 뭍으로 올라갔고 이때 서
복에게 쳐내진 풀이 변하여 에츠_{えつ}, 즉 웅어가 되었다고 한다.

　일본의 또다른 웅어 이야기도 전설로 전해진다. 초여름에 어떤 승
려가 비를 쫄딱 맞고 강을 건너려는데 승려의 행색이 워낙 초라하니
아무도 강을 건네주려고 하지 않았다. 그런데 마침 어느 늙은 어부가

비 맞은 승려를 불쌍히 여겨서 강을 선뜻 건네주었다. 이윽고 강을 다 건너자 승려는 어부에게 감사 인사를 하고 강가의 갈댓잎을 꺾어 주며 말했다. "앞으로 물고기가 잡히지 않을 때는 이것을 잡으시오." 승려가 말을 마치자 갈댓잎은 바로 웅어로 변했고 그후로 늙은 어부는 매번 고기를 풍성히 낚았다고 한다. 그런데 나중에 알고 보니 초라한 승려는 바로 구카이空海, 774~835라는 영험한 대사였다. 이에 놀란 마을 사람들은 웅어 대사당大師堂을 짓고 구카이 대사를 기렸다. 실제로 이야기에 나오는 구카이 대사는 중국 당나라에 파견되어 선진 문물을 배워와 고대 일본에 전한 실존 인물

이기도 하다. 구카이 대사, 서복 모두 전설과 역사가 엇섞인 존재들이다. 웅어에 투영된 그들의 이야기는 웅어잡이 철에 열리는 일본 지역 축제인 마쓰리에서 지금도 웅어라는 생선에 신비스러운 빛을 더한다.

구카이 대사 ⓒ 김상원

    낙동강 웅어, 장강의 웅어, 사가현의 웅어 모두 갈대숲에 깃들어 사는 귀한 물고기이다. 맛보는 방법은 서로 조금씩 다르지만, 특별한 계절, 특별한 장소에서 나는 한정판 물고

기, 웅어의 맛을 즐기는 마음은 모두 같으리라.

하지만 갈대숲이 무성한 낙동강가, 해가 뉘엿뉘엿 지던 뒷기미 나루 어느 곳에서 만나던 은백색 웅어는 이제 사라져가고 있다. 갈대숲이 사라지고, 보리가 누렇게 익어가는 모습도 사라지면서 웅어는 모두 어디로 가버렸을까.

최진아 ◆ 부산대학교 중어중문학과 교수

꼼장어

"우리가 넘이가!" 의리와 거친 생활력이 고스란히

꼼장어는 곰장어가 경상도 사투리로 된소리화된 것이다. 꼼장어의 정식 명칭은 먹장어인데, 장어와 비슷한 생김새 때문에 장어라는 이름이 붙었지만, 엄밀히 말해 먹장어는 원구류에 속하는 무척추동물이다. 먹은 검다, 컴컴하다는 의미의 순우리말로, 먹장어 눈이 퇴화해 수염과 같은 더듬이로 먹이를 찾는 모습에서 이름 붙여진 것이다. 중국에서 먹장어를 '맹만盲鰻'이라고 하는 것이나 일본에서 '눈이 먼 장어'라는 뜻의 '메쿠라우나기めくらうなぎ'로 부른 것도 같은 표현이다. 곰장어의 '곰'이 어떤 어원을 가지는지 명확하게 밝혀지지는 않았지만, '검은' '감은' '감' '금'은 모두 검거나 어둡다는 의미가 있으므로 이의 변형이 아닌가 생각된다.

뱀장어나 갯장어에 관한 기록에 비해 꼼장어와 관련된 고문헌 기록은 거의 찾아보기 어렵다. 이는 꼼장어가 식용으로는 상용되지 않았거나, 혹은 꼼장어가 세련되거나 고급스럽지 않은 백성의 음식으로 여겨졌거나, 한편으로는 특정 지역에서만 곧잘 먹은 음식이었다고 짐작게 한다.

꼼장어를 본격적으로 먹은 것은 근대로 접어들어서부터다. 일제강점기 일본인들이 먹장어의 부드럽고 질긴 껍질만 쓰고 고기는 버렸는데, 이를 배고픈 한국인이 가져가 구워 먹었다. 이렇게 먹던 꼼장어가 한국전쟁 때는 살기 위해 부산으로 피란 온 피란민의 배고픔을 달래주면서 서서히 알려졌다. 왜구에 늘상 수탈당하던 해안가이자 전쟁에 내몰린 국토 끝 부산에서, 그 악다구니 같던 삶 속에서 굶주린 배를 채워주던 고맙고도 거친 서민의 음식이 꼼장어다.

쓸모없음의 쓸모 있음

'무용지용無用之用'이란 말은 『장자』「인간세人間世」에 나오는 말이다. "사람들이 쓸모 있음의 쓸모는 잘 알고 있으나 쓸모없음의 쓸모는 알지 못한다. 쓸모 있음은 쓸모없음을 기반으로 하는 것이니 쓸모없음을 이해하지 못하면 쓸모 있음이 어찌 쓸모 있겠는가" 하고 장자는 말한다. 아이러니하게도 본래 꼼장어는 껍질만 쓸모 있고 고기는 쓸모

없었다. 일본인들은 꼼장어의 부드럽고 질긴 껍질을 나막신 끈이나 모자 테두리 등으로 애용해왔기에, 일제강점기 부산항과 초량의 왜관을 중심으로 광복동 일대에 꼼장어 피혁공장을 세웠다고 한다. 껍질만 쓸모 있으니 고기는 버리거나 헐값에 팔아넘겼는데, 이를 사와서 허기를 면하려 구워 먹던 것이 지금의 자갈치를 중심으로 한 꼼장어구이의 시초다. 1936년 일제강점기 때『경상남도수산시험보고』라는 보고서에 "부산부와 울산군 하급 음식점에서 곰장어 요리를 내는 곳이 있다"고 기록했는데, 하급 음식점이라면 당시 가난한 조선인을 대상으로 운영한 곳이었을 테니 쓸모없는 꼼장어 고기를 배고픈 한국인들이 요리해 먹었을 것이라 짐작된다. 이것이 꼼장어 요리에 대한 최초의 기록이며 우리 역사의 아픈 흔적이다.

한국전쟁으로 갑자기 피란 온 피란민들과 일제강점기를 피해 일본이나 외국으로 떠났던 동포들이 귀환하면서, 1940년에는 40만이었던 부산 인구가 1955년에는 100만 명으로 폭발적으로 증가했다. 갑자기 불어난 인구로 식자재 역시 부족해졌으니 먹을 수만 있다면 무엇이든 먹어야 했을 것이다. 이때 자갈치 등 부둣가에서 외지인에게 꼼장어를 팔았고 이를 먹어본 외지인들의 입소문을 타고 꼼장어는 점점 부산 밖까지 알려졌다. 꼼장어 가죽이 필요했던 일본이 패망해서 부산을 빠져나가고, 일본과의 교역도 단절된 때라 이제 꼼장어 고기가 껍질보다 먹고살기에 더 쓸모 있었을 것이다.

한국전쟁이 끝나자 부산은 경공업 중심 지역으로 성장했다. 1960년
대 수출주도산업화의 영향으로 부산의 신발류, 피혁 등의 수출품이
한국 경제를 이끌며 부산은 산업 중심지가 되었다. 이런 분위기에 발
맞춰 1970년대 초 몇몇 업자가 부산을 중심으로 소가죽의 가죽 공정
을 꼼장어 가죽에 응용해 피혁을 만들기 시작했다. 1988년 조사에 의
하면 꼼장어 피혁 가공 공장이 부산 33곳, 충무 7곳, 여수 2곳, 목포에
1곳 있었다고 한다. 그만큼 부산이 꼼장어 피혁 가공업의 중심지였음
을 알 수 있다. 이 당시 꼼장어 가죽은 원피 600만 달러, 제품 260만
달러로 연간 평균 1000만 달러를 수출했다고 한다. 당시 수출 규모로
볼 때, 꼼장어 가죽 수출 비중은 결코 작지 않았다.

그때 자갈치 부둣가에는 하루종일 꼼장어 껍질을 벗겨내느라 바쁜
아지매들의 현란한 손놀림이 분주했다. 내가 대학생 때만 해도 껍질
벗긴 꼼장어를 고무대야에 넣어 끌고 다니며 자갈치시장에서 꼼장어
고기를 파는 아지매들도 많았는데, 당시 꼼장어 살코기 한 대야 가득
한 것이 몇천 원도 하지 않았다. 껍질을 벗겨 피가 벌건 꼼장어 고기가
빨간 고무대야 속에서 꿈틀거리는 모습은 사진처럼 선명하게 과거를
소환한다.

꼼장어 가죽 사업이 저물어간 1990년대 이후 꼼장어 가죽은 다시
한번 무용한 것이 되어 잊혀갔지만, 꼼장어 고기는 외환 위기에 직격
탄을 맞은 서민들의 쓸쓸한 소주잔에 곁들이는 안주로 여전히 유용했

다. 가죽이 쓸모없어지면서 꼼장어 가죽으로 묵을 만들기도 했는데, 옛날 먹을 것이 귀하던 시절을 떠올리며 추억으로 찾는 사람이 대부분이고 최근에는 꼼장어 가죽 대부분이 버려진다고 한다.

옛날에는 버려지던 꼼장어가 요즘은 장어보다 귀한 취급을 받으니 참 격세지감이다. 꼼장어처럼 역사와 시대의 굴곡을 따라 쓸모 있고 없고를 반복한 물고기가 또 있을까. 길고 긴 시간의 흐름 속에서 쓸모 없음과 쓸모 있음은 무엇을 기준으로 하느냐에 따름이지 절대적 가치의 기준이 아니라는 사실을, 매콤하게 잘 구운 꼼장어 구이 한 접시에서 되새겨본다.

억세고 거친 생명력, 꼼장어!

꼼장어는 우리나라 남해와 서해 연안에서 많이 포획되었는데 춘궁기에 늘상 잡혀 올라오던 꼼장어를 짚불에 던져 구워 먹으면서 굶주림을 해결하던 것이 오늘날 기장의 '짚불 꼼장어'로 자리잡았다. 꼼장어는 산 채로 온전히 익어 더는 꿈틀거리지 못할 때까지 불 위에서 꼼지락거리며 온몸을 비튼다. 새까맣게 탄 껍데기를 벗기면 하얗게 드러나는 속살, 자갈치와는 다른 기장의 꼼장어 요리법이다. 자갈치에서는 가죽을 벗겨내고 쓸모없어진 꼼장어 고기를 구워 먹었다면, 기장은 좀더 오래전부터 춘궁기 배고픔을 달래주고 부족한 단백질을 채워주던 별미로 꼼장어를 식용했다. 그래서 기장에서는 꼼장어를 단순히 구이로만 먹지 않고 꼼장어 된장국 등 좀더 일상생활과 밀접한 요리가 발달했다. 꼼장어 된장국에는 반드시 들어가야 할 것이 있는데 바로 경상도에서 즐겨 먹는 방앗잎이다. 방앗잎을 한 줌 뜯어 넣으면 비린 맛을 잡아주면서 덜큰하고 깊은 맛을 낸다. 이때 방앗잎은 손으로 쭉쭉 찢어 넣어야 향이 더 진해진다. 방앗잎과 꼼장어, 정말로 갱상도의 음식이다.

  짚불에 산 채로 던져지든 껍데기가 벗겨져서 연탄불 위에서 구워지든, 꼼장어의 꿈틀거림은 익을 때까지 계속된다. 이런 요리 방식에는 논란의 여지가 있다. 최근 지각 있는 생물을 도살할 때 고통을 덜어주어야 한다는 논의도 있다. 익어가는 꼼장어를 보며 어떤 이는 싱싱하다고 환호하고, 어떤 이는 징그럽다고 눈을 피한다. 하늘을 나는 비행

꼼장어를 짚불 위에서 굽는 모습(왼쪽)과 껍질이 까맣게 탄 꼼장어(가운데).
껍질을 벗기면 꼼장어의 하얀 속살이 드러난다(오른쪽). ⓒ 나도원

기나 땅 위의 탁자와 의자 빼고 다 먹는다는 중국 사람도 차마 먹지 못하는 음식이 꼼장어다. 세계에서 유일하게 꼼장어를 식용하는 지역이 한국이고 그 원조가 부산이다.

강인한 생명력을 가진 대상을 씹어 먹는 행위는 포식자가 그 대상보다 더 강하고 우위에 있음을 보여준다. 1980~1990년대 부산을 배경으로 한 영화 〈범죄와의 전쟁〉에서는 살아 꿈틀거리는 꼼장어를 불판 위에서 굽는 짧은 영상을 통해 남성성, 권력, 힘과 돈 등 먹고 먹히는 범죄 세계의 잔인함과 폭력성을 강렬하게 담아냈다.

꼼장어 한 접시에 쐬주 한잔

자갈치시장을 걸어가면 아지매들의 "여 오이소!" 하는 소리가 맘 약한 행인의 발걸음을 붙잡는다. 자갈치시장은 1924년 일본인들이 자갈치 해안의 다른 이름이었던 남빈南濱에 남빈시장을 개설하면서 시작되었다. 1951년 1·4후퇴 당시 580만여 명의 피란민이 부산으로 밀려들었고, 자갈치시장에도 전쟁통에 남편을 잃은 과부나 생활력을 상실한 남편 대신 가정을 책임져야 했던 여인네들이 몰려들었다. 생선을 다듬고 파는 일은 살림하던 여인들이 별다른 기술 없이 시작할 수 있는 일이었다. 부지런하고 생활력 강한 부산의 억척 엄마들이 부산의 아들딸을 키워왔다.

해가 저물어가는 자갈치 부둣가.
꼼장어 구잇집이 하나둘 불을 밝히고 손님을 기다린다. © 나도원

지금도 자갈치시장 서쪽으로는 한 평 남짓한 포장마차가 자갈치 부
두 콘크리트 길을 따라 쭉 이어진다. 어두워지기 시작하면 꼼장어 가
게 전등불이 켜지고 메케한 연탄 냄새
사이로 고소한 꼼장어 굽는 불향이 배
어나온다. 지금 그 가격이 만만
치 않지만 1970 980년대만 해
도 1인분에 1,50 , 꼼장어 구
이 한 접시에 한 병을 시키면
3,000원 되는 가격이었다. 그마
머거운 사람에게는 잔술로 소   온천장 땡초 꼼장어 소금구이 © 나도원

주를 팔았다. 꼼장어 한 점에 소주 한잔 탈탈 털어넣으며 팍팍하고 고단한 하루를 마무리한다.

기장에서 많이 잡히던 꼼장어는 지금은 폐선이 되었지만 당시 남동부 주요 운송 선로였던 동해남부선을 따라 근방에 유통됐다. 하행선으로는 온천장, 동래시장, 부전역 그리고 마지막으로 자갈치시장에 내려지고, 상행선을 따라서는 울산 중앙시장까지 진출했다. 꼼장어 가죽공장이 열심히 돌아가던 1970년대부터 가죽 사업이 막을 내리던 1990년대까지, 꼼장어는 서민들의 싸고 맛있는 안주이자 요깃거리로 동해남부선을 따라 오르내리며 꼼장어 골목을 형성했다.

오늘도 어떤 이는 삶의 애환을 풀러, 어떤 이는 보양식으로 꼼장어를 먹는다. 경상도 남자들은 왜 그리도 속말을 못 하는지, 속 이야기 풀어낼 줄도 모르고 힘들고 무안함은 버럭하는 큰소리로 대신한다. 한 30년을 같이 살아보니 그 버럭함이 미안하다는 말이었고, 그 묵묵함에 깊은 정이 메케한 불향처럼 은근히 스며들어 있었음을 깨닫는다. 꼼장어 구이에 소주라도 삼키며 좀 풀어내면 좋으련만 그 속이 얼마나 맵고 쓰리면 불 위의 꼼장어마냥 혼자서만 비틀대는 것인지. 그래서 나이가 들수록 꿈틀대는 꼼장어가 측은하고, 한잔 술로 맘 달래는 '갱상도 남자들'도 안쓰럽다. 오늘도 꼼장어는 익어간다. 꼼장어 한 접시에 쐬주 한 잔, 그것이 바로 사람 사는 냄새 아닐까.

나도원 ◆ 부산대학교 중어중문학과 강의교수

부산대학교 중어중문학과를 졸업하고, 부산대학교에서 석사와 박사를 마쳤다. 한자의 매력에 푹 빠져 한자와 고문자, 사전을 뒤적이며 살아온 지 30여 년이 되어간다. 중국 상해 화동사범대학교에서 박사후과정을 수료하고 한국한자연구소에서 학술연구교수, 한국연구재단의 학술연구교수, 중국국가과제의 한국 측 연구원 등을 수행했다. 늘 언어가 세상을 어떻게 표현하는가가 궁금하고 관심이 많아서 최근에는 인지언어학까지 흘끔거리고 있다.『자전석요字典釋要』『석명釋名』이나『강희자전康熙字典』등 자전류와 어휘에 관련된 여러 논문들이 있다.

일제강점기 슬픈 역사를 담은 낙곱새 볶음

낙지

낙지는 강인한 생명력을 지닌 영양이 풍부한 식재료다. 2003년 개봉한 영화 〈올드보이〉에서 주인공 오대수가 15년간 먹었던 만두를 파는 곳은 부산역 근처 장성향이지만, 그곳 만두보다 세계적으로 더 주목을 끌었던 영화 속 음식은 주인공이 통째로 먹던 산낙지였다. 부산 국제영화제가 개최되는 영화의 도시 부산을 대표하는 음식 중 하나인 새빨간 양념의 낙곱새 볶음에는 1950년 한국전쟁 이후 3년간 임시 수도였던 부산의 수많은 이야기가 담겨 있다.

낙지와 곱창의 어우러짐,
노동자의 삶을 달래준 낙곱새 볶음

낙곱새 볶음은 빨갛고 달짝지근한 고추장 양념장에 낙지, 곱창, 새우를 볶은 음식인데 새하얀 밥 위에 올려 부추무침과 김가루를 뿌려 쓱쓱 비벼 먹으면 정말 맛있다. 매콤한 낙곱새 볶음의 원조인 '원조 할매 낙지'는 1960년대 초 개업한 후 지하철 범일역 근처 옛 조선방직주식회사 자리에 그대로 남아 있어 조방 낙지로 불리기도 했다. 일제강점기 수탈을 일삼았던 조선방직회사는 1922년부터 면사와 면포를 방직하는 조업을 개시했는데 공장 노동자들은 대부분 휴일도 없이 열두 시간 이상 노동하면서도 일본 노동자의 절반 수준에 해당하는 저임금을 받았다. 광복을 맞이하고 조선방직회사는 미군정에 귀속되었고 1950년 한국전쟁 후 여러 번 손바뀜을 거치다가 적자로 인해 1968년 부산시가 매입 후 철거해 공식 해산되었다.

범일역 조방철물공구상가.
옛 조선방직 터에는 현재 부산 평화도매시장, 귀금속을 판매하는 골드 테마길, 철물공구상가, 백화점 등이 들어서 있다. ⓒ 유소희

최근 이 조방로를 '독립운동가 박재혁 거리'로 바꾸려는 부산 시민의 노력이 계속되고 있다. 명칭은 바뀌더라도 일제에 나라를 빼앗겼던 고달픈 기억은 잘 남겨두어 슬픈 역사가 반복되지 않도록 깊이 되새겨야겠다.

낙곱새 볶음 음식점에서 가까이 위치한 자갈치시장 주변으로는 지금도 골목마다 양곱창 식당이 즐비하다. 양곱창을 연탄불에 구워 먹는 소박한 분위기의 가게에서 이모들이 연탄불 화로에 대창, 곱창, 양 등을 직접 구워준다. 곱창은 일제강점기 재일교포들이 생존을 위해 일본 사람들이 고기만 먹고 내장을 버리면 이를 손질해 먹었던 것에서 유래한 음식이다. 오사카 방언으로 '버리다'는 말을 '호루몬'이라고 하는데 그래서 지금도 고기의 내장 부위 구이를 '호루몬야키'라고도 한다. 이러한 배경 때문인지 일본의 야키니쿠 식당은 아직도 재일교포들이 운영하는 경우가 많다. 부산 낙곱새 볶음은 이 곱창을 싱싱한 낙지와 새우를 함께 넣어 고추장 양념에 볶아서 팔던 것에서 유래했다. 투박한 부산 사투리 속에 숨겨진 따뜻한 마음처럼, 맵고 달짝지근한 양념이 밥과 잘 어우러진다.

옛 방직공장 노동자, 신발공장 노동자의 고된 삶을 달래주었던 낙곱새 볶음 가게는 이제 새로운 사람들로 가득하다. 좌석은 옆 테이블과 나란히 이어져 낯선 이들과 다닥다닥 어깨를 맞부딪칠 정도로 가깝다. 점심시간이면 식당 근처 부산평화도매시장 사람들과 범일동 은

행 직원들이 나누는 소소한 일상
이야기가 귓가에 들려온다. 금
은방 골목으로 바뀐 식당 근
처를 찾은 엄마와 딸이 결혼
준비로 혼수 반지 맞춘 이야기
도 재잘재잘 들려온다.

부산 진구 원조할매낙지 © 유소희

　부산에서 낙지 볶음이 아닌 싱
싱한 낙지회를 먹고자 한다면 기장 연화리 근처의 해녀촌에 가서 해
산물 모둠과 전복죽을 주문하는 걸 추천한다. 제주도뿐만 아니라 현
재 부산 여러 지역에도 해녀들이 있다. 1876년에 조선과 일본 간 불
평등 조약인 병자수호조약으로 제주 해녀들이 출륙 금지에서 벗어나
제주도 이외 지역으로 출향이 가능해지면서 경상도 해역에도 해녀가
증가했다. 연화리에서 꼬물거리는 산낙지회와 함께 해삼, 개불, 멍게
로 푸짐하게 한 상 먹고, 따뜻한 전복죽으로 입가심하면 부산의 넉넉
한 인심을 느낄 수 있다.

동래시장 골목의 명륜동 '소문난 원조조방낙지'

오랜 전통의 동래시장 주변에는 50년 전통의 '소문난 원조조방낙지'
본점이 있다. 조선시대에는 지금의 동래 지역이 행정의 중심지로 동

기장군 송정해녀집 산낙지 해산물 모둠
ⓒ 유소희

래부사가 업무를 보던 관청이 동래에 있었고, 부산포는 동래부에 소속된 더 작은 행정 단위였다. 임진왜란 당시 치열했던 동래성 전투의 현장 기록과 이곳에서 발굴된 유물이 지금의 부산 수안역 안에 위치한 동래읍성임진왜란역사관에 전시돼 있기도 하다.

동래시장을 구경하고 나서 낙곱새 볶음을 먹으면 싱싱한 해산물의 매콤한 감칠맛을 제대로 즐길 수 있다. 낙곱새 볶음에서 가장 중요한 양념장 재료가 바로 고추장이다. 부산의 고추장은 다른 지역 고추장보다 물엿을 많이 넣어 단맛이 강한 편이다. 이러한 고추장 덕분에 부산 특유의 매콤달콤한 낙곱새 볶음, 떡볶이와 제피 고추장무침, 미역귀 고추장무침 모두 다른 지역과 구분되는 부산 특유의 맛을 지녔다. 부산의 고추장이 달달한 편이라 찌개용으로는 적합하지 않아 다른 지역과 달리 고추장찌개 같은 메뉴는 적다. 파전을 찍어 먹을 때도 간장보다 달달한 고추장으로 만든 초장을 선호하며, 부산 특유의 달달한 떡볶이 맛도 이러한 고추장

덕분이다. 부산 사람들이 고추장, 쌈장을 워낙 사랑하다보니 순대와
회도 쌈장에 찍어 먹어 이를 본 타지인이 놀라기도 한다.

소문난 원조조방낙지 본점 맞은편에는 조선시대 1669년에 처음 지
어졌다가 1998년 해체 후 다시 고쳐 지은 '동래 장관청'이라는 문화
유적이 아직 남아 있다. 조선 후기 동래부 청사 건물의 하나로 군 장관
들이 일하던 곳으로 본래 조선시대에는 동래부 관헌을 중심으로 시가
지가 형성되었다. 그리고 일제강점기에는 1919년 3·1운동 당시 범산
김법린金法麟 선생이 한용운에게 독립선언서를 받아 동래장터 만세 시
위 운동을 벌인 장소가 바로 지금의 동래 만세 거리다. 지금은 옛 영광
을 뒤로한 채 소박하게 남아 있지만 역사의 흔적을 느끼고 싶다면 방
문해볼 가치가 있다.

국제시장의 낙곱새 볶음

부산은 개항기와 일제강점기에 일제 수탈기구들의 밀집 지역이었고,
해방 후 한국전쟁을 거치면서 대한민국 임시 수도 역할도 했기에 국
제시장 일대에서 그 역사의 격변기를 잘 살펴볼 수 있다. 한국전쟁 후
부산 피란민들의 애환을 그린 영화 〈국제시장〉의 촬영지 '꽃분이네'로
더욱 유명해진 이 부산 국제시장에도 낙곱새 볶음 가게가 있다.

부산에 온 여행자들이 지금의 부산만 기억한다는 사실이 참 안타깝

중구 국제시장 개미집 ⓒ 유소희

다. 국제시장 근처의 옛 부산 지도와 역사를 한번 떠올려본다면 가슴 뜨거워지는 감격을 느낄 텐데…… 그런 면에서 '옛 부산 지도 스탬프 투어' 같은 프로그램을 개발해보고 싶을 정도다. 1887년 조선 개항 후 초량 왜관 주변으로 수많은 일본인이 거주했는데 1945년 광복 후 일본으로 쫓겨 돌아가며 그들이 두고 간 물건과 일본에 거주하던 조선인이 부산항을 통해 고국으로 돌아오면서 가져온 물건을 거래하느라 형성된 시장이 국제시장이다. 한국전쟁 당시 고향을 떠나 부산으로 몰려든 40만 명 넘는 피란민이 좌판을 펼친 곳도 바로 국제시장이다. 지금도 국제시장에는 가족의 생계를 책임지기 위해 추울 때나 무더울 때나 비 올 때에도 길거리에 비빔당면이나 찌짐 노점을 펼치고 "한 그릇 먹고 가이소~" 하고 말을 걸어오는 부산 아지매들이 있다. 맛있는

〈부산풍경거리〉. 부산 광복동 일대 엽서, 일제강점기, 국립 민속박물관 소장.

음식을 먹다보면 그들의 강한 정신력과 삶에 대한 의지에 감동을 느
낀다. 한국전쟁 후 이북에서 온 실향민들, 1970년대에는 신발공장이
나 고무공장의 직공들이 거리를 가득 메웠던 소리가 지금 국제시장
상인들의 치열한 삶의 모습과 포개진다.

　국제시장을 둘러싼 역사의 흔적은 여기서 끝나지 않는다. 근처 부
산근현대역사관은 일제강점기에는 동양척식주식회사 부산 지점이었
다. 해방 후 50년간 미국문화원이 자리하다가 1999년 4월에야 비로
소 우리 정부에 반환되었다. 국제시장에서 멀지 않은 곳에 1953년까
지만 해도 대통령 관저로 사용됐던, 현재는 부산임시수도기념관으로

변한 건물도 있다.

주 부산 일본영사관 근처 해물탕

수정동 고관해물탕 ⓒ 유소희

싱싱한 해산물을 듬뿍 넣어 팔팔 끓인 뜨끈한 해물탕도 일품이다. 큼직한 꽃게, 대하, 전복, 조개, 싱싱한 낙지를 먼저 먹고 뜨끈한 국물에 우동 면을 넣어 후루룩 배를 채우면 금상첨화다. 주 부산 일본영사관 일대에는 1678년부터 조선과 일본의 외교 및 무역을 담당했던 일본인이 거주한 왜관이 있었다. '고관古館'은 지금의 부산 동구 수정동 일대인데, 원래 이곳에 위치하던 왜관이 이후 초량동으로 이전하면서 옛 왜관이 있던 자리라는 뜻으로 고관이라 부르게 됐다.

수정동에서 멀지 않은 곳에 지금도 부산역과 부산항 연안 여객 터미널이 위치해 있다. 이승헌 실내건축학과 교수가 쓴 『부산 속 건축』이라는 책에 따르면 일제가 1936년 조선총독부 지방행정기관인 부산부府 청사로 신축했던 옛 건물은 광복 후에도 계속 부산시청 건물

로 쓰이다가 일제강점기의 잔재라는 이유로 1998년에 철거되었다고
한다.

한중일의 낙지와 문어, 새우 요리 비교

경상도 일부 지역에서는 문어를 귀하게 여겨, 문어를 통째로 삶아 문
어 다리를 마치 꽃처럼 예쁘게 말아올려 제사상에 올리기도 했다.
『수궁가』에는 용왕의 병을 낫게 하려 여러 대신이 모일 때 지혜로운
문관文官으로 문어가 등장한다. 중국에서도 문어는 지혜를 상징하지
만 한국과 비교하면 문어 요리가 고급 음식으로 인식되지는 않는다.

장전동 타코노유메에서는 다코야키를 직접 만들어 먹을 수 있다. ⓒ 유소희

〈동래부에 도착한 일본 사신 맞이〉, 85×46cm, 조선시대, 국립중앙박물관 소장.

열 폭 병풍은 조선에 온 일본 사절을 대접하기 위해
동래부사가 초량 왜관으로 들어가는 행렬 장면을 담았다.

특히 문어와 같은 두족류인 오징어의 경우 중국에서 '오징어를 볶다 炒魷魚'는 말이 '직장에서 해고하다'는 의미이므로 식사로 대접할 때 조심해야만 한다. 중국 해안가 지역에서는 결혼식 때 손님들을 대접할 때, 귀한 해산물인 새우, 전복, 해삼을 넣은 요리가 필수로 나오지만 통째로 온전히 요리해야 귀하다고 여긴다. 새우는 허리를 굽혀 겸손하고 재물에 욕심이 적다고 여겨 청렴을 상징했기에 좋은 식재료로 여기지만 문어는 귀하게 여기지 않았다. 한편, 일본에서는 다코야키, 문어 사시미, 문어 스시 등 다양한 방법으로 문어 요리를 즐기는데 일본에서 가까운 부산에도 문어로 만드는 다코야키 음식점이 여럿 있다.

스페인 음식 오징어 먹물 파에야에 대한 감상

광안리 아마AMA의 풀포 메뉴 ⓒ 유소희

해운대 해변의 '스페인 클럽 해운대점'에서는 문어로 만든 풀포 콘 알리올리를 먹을 수 있다. 고즈넉하게 수평선 위로 해가 넘어가는 노을 빛을 감상하며 간간이 파도 소리에 귀 기울이며 스페인 음식을 먹어보면 어떨까. 안데르센이 창작한 『인어공주』에서는 인어

공주의 목소리를 빼앗고 거래를 하는 사악한 바다 마녀의 몸이 문어의 형상으로 등장한다. 앵글로색슨계 사람들은 악마의 고기라며 문어를 먹지 않았지만 유럽 남부 사람들은 문어 요리를 즐겼다. 스페인 요리 전문점은 부산 광안리 해변 근처에도 있어, 풀포를 주문해 먹을 수 있다.

문어 또는 갑오징어 먹물로 만든 따뜻한 느낌의 암갈색 안료를 세피아라고 한다. 고대 로마 시대부터 이 세피아는 필기용 잉크로 쓰였다. 이사벨 아옌데가 쓴 『세피아빛 초상Retrato en Sepia』이라는 책의 주인공 아우로라는 1880년 중국계 혼혈아로 미국 서부에서 태어났다. 아우로라는 반복되는 악몽을 치유하기 위해 사진을 찍었지만 오히려 사진에 포착된 진실이 남편의 외도를 드러내어 더 괴로워진다. 그러나 강인한 칠레 여성들의 삶을 이해해가면서 사랑의 상실을 치유하고 온전한 자아 찾기를 통해 주체적인 삶을 살아가게 된다.

오징어 먹물 파에야를 먹으며 세피아빛 흑백 사진 속 옛 해운대의 모습을 떠올려본다. 그때와 달리 이제는 해안가에 우뚝 솟은 빌딩들로 해변은 더욱 화려해졌다. 소설 속에서 주인공 아우로라는 빛나는 순간이 없는 것 같던 자신의 세피아빛 운명에 대한 기억의 조각들을 되짚어나간다. 정말 그녀의 운명에 또렷한 색채로 남은 순간은 없었던 걸까. 만약 삶이 내가 기억하는 장면들로 완성된다면 세피아빛이 아닌 찬란한 형형색색의 컬러 사진 한 장 정도는 인생의 하이라이트로 남길 수 있게 온 힘을 다해 진심으로 살아야겠다. 삶이 힘들 때 바다를 찾으면 파도와 함께 걱정은 사라지고 다시 일어설 용기를 얻는다. 서핑하는 청년들이 파도와 마주하듯 인생은 늘 도전과 실패가 교차하는 것이니 아무렇지 않게 툭툭 털고 다시 일어나면 되는 것이다.

유소희 ◆ 전 부산대학교 중어중문학과 강의교수

이화여자대학교 석사 졸업 후 상하이 푸단대학교에서 문학박사 학위를 받았다. 현재 중국소설학회 간사로 활동하고 있으며 작가 모옌을 주제로 박사논문 「모옌 소설과 중국 국내외 문학과의 관계」를 썼다.

고기

암소갈비

해운대 달맞이 고개 특별 외식

무더운 여름이면 해운대 해수욕장은 물놀이를 즐기러 온 사람들로 가득하다. 해운대시장 주변에서 달맞이길로 이어지는 길을 따라 맛있는 먹거리가 가득한데 그중에서도 암소갈비 식당이 유명하다. 해운대의 소갈비 식당들은 1960년대 생겨나기 시작해 경부고속도로가 건설되고 1980년대 경제가 급성장하면서 자가용 보급이 급증함에 따라 더욱 많은 사람들이 찾았다.

해운대 소갈비는 갈비에 칼집을 제대로 내어 고기가 부드럽고 양념이 잘 배어들었다. 좋은 숯에 구워내는 향긋한 육즙 맛으로 유명하다. 불판의 볼록 솟은 가운데 부분에서는 고기를 굽고 가장자리에는 양념을 부어 여기에 감자 면을 익혀서 먹는다. 불판에 고기를 구워 먹는 방식에는 기원이 있다. 조선시대 돌 위에서 고기를 간접 불로 굽던 형태를 번燔이라고 하고, 꼬챙이에 꿰어 직화로 굽는 형태를 적炙이라고 했다. 철이 보급됨에 따라 1700년대에 이르러 철판 또는 석쇠 위에서 고기를 굽는 형태로 변했다.

　해운대 근처는 소나무가 울창한 하얀 모래사장이 바다와 함께 어우러져 아름다운 풍경을 이룬다. 신라시대 최치원이 다녀갔는데, 최치원의 자가 '해운'이어서 해운대로 명명했다는 이야기도 있다. 조선시대 '부산포'라고 불렸던 행정구역은 20세기 초까지 왜구의 침략이 심해

해운대 암소갈비 ⓒ 유소희

해운대 바다 ⓒ 한도경

조선 조정에서는 백성들의 피해를 우려해 거주를 일부 제한했다. 이후 일제강점기 때 부산 해운대 일대는 온천이 개발되고 아름다운 해변이 유명해지면서 전국적 관광지가 되었다. 부산광역시립박물관에 보관된 사진엽서 가운데 일제강점기 해운대 수영의 '부산골프구락부'라는 골프장을 관광지로 홍보하는 사진이 있다. 1932년에 해운대수영골프장은 지금의 센텀시티 일대인데 1940년 이후 태평양전쟁 때는 일본군의 비행장으로 사용되기도 했다. 해방 후에도 수영비행장으로 명칭을 변경해 비행장으로 쓰였고, 1956년에는 지금의 중동 달맞이 고개 자리에 다시 부산컨트리구락부 골프 코스가 만들어졌다.

이렇게 온천과 골프장, 그리고 해수욕장이 있던 해운대는 한국전쟁 이후에도 전국적인 관광지로 계속 성장했다. 어린 시절 출렁이는 파도와 고운 모래사장이 펼쳐진 바닷가에서 신나게 헤엄치고 나면 해운대 식당에 가서 따뜻한 숯불화로 위 양념 소갈비 구이가 빨리 익기를 군침 흘리며 바라보던 추억이 있다. 소 한 마리에서 조금만 나오는 갈비 부위를 간장과 설탕 등으로 가볍게 양념한 후 불판 위에서 숯불에 굽는다.

남녀노소 모두 선호하는 지금의 달고 짭조름한 양념 소갈비 맛은 1960년대 이후에야 나타난 것이다. 조선시대 『승정원일기』에 따르면 과거에는 설탕 값이 비싸서 왕실에서 약재로 쓰였다. 한국전쟁 후 1950년대에 삼성물산이 부산에 설탕을 만드는 정제당 회사를 설립해 주요 수출품으로 자리잡고 1980년대 말에 이르러서야 설탕은 비로소 저렴해졌다. 최근 단맛에 대한 사람들의 선호가 감소하면서 양념 소갈비에도 설탕은 아주 조금만 사용하거나 다른 과일의 단맛으로 대체하는 추세다.

광안리 언양불고기

광안리는 해수욕장과 바다를 가로지르는 광안대교의 풍경 덕분에 젊은이들로 넘쳐나는 활기찬 곳이다. 이 지역에 30여 년 전부터 광안리 언양불고기 골목이 형성되었다. 울산역 근처 언양이 언양불고기의 원조이지만 가족 단위 관광객이 많이 몰려드는 광안리에서도 인기 있는 외식 메뉴다.

광안리 언양불고기 ⓒ 유소희

언양불고기는 등심, 안심을 포함한 소 한 마리의 다양한 부위를 간장과 설탕 등으로 가볍게 양념한 후 불판 위에서 국물 없이 구워 숯불에 익힌다. 해마다 광안리 불꽃 축제가 열리는 광안리 일대에는 10여 개의 불고기 전문점들이 광안리 언양불고기 거리

광안대교가 보이는 광안리 해수욕장 ⓒ 유소희

를 형성해 회 센터와 함께 바닷가를 따라 맛있는 먹거리를 제공한다.

수영구에 위치한 광안리는 역사적으로도 의미 있는 지역이다. 고려 말부터 계속되는 왜구의 침탈 때문에 국방상 요충지로 여겨 조선시대에는 이곳에 경상좌도 수군절도사영이 설치됐다. 1940년 일제강점기에는 수영비행장이 조성되었고 한국전쟁 당시에도 유엔군이 구호물자 수송 및 공군 비행장으로 사용하다가 1963년에는 부산 국제공항으로 사용되었다. 주변 유엔기념공원에는 한국전쟁 당시 전사한 유엔군 2000여 명의 유해가 안장되어 있기도 하고, 부산박물관도 있는 역사와 문화의 중심지다.

부산 철마 한우와 철마 한우 축제

소고기는 불교 중심의 고려시대나 농경사회 중심의 조선시대에 이르기까지 축제 기간을 제외하고 일반 민중이 흔히 맛볼 수 없는 음식이었다. 불교 경전 중 하나인 『열반경』에는 '불식육계不食肉戒'라 하여 "모든 중생은 다 부처가 될 성품을 가지고 있으니 고기를 먹으면 안 된다"고 강조한다. 불교의 탱화에서 소를 모는 목동은 수행자를 의미하고 수행의 과정을 소를 모는 그림에 비유하여 묘사했다. 조선시대에도 관청에서 소의 마리 수를 통계 내어 관리할 정도로 소가 여전히 귀했다. 부산박물관에 소장된 1764년 『동면하단관우절목책』에 따르면 농사짓는 소가 돌림병으로 폐사하자 동래부사가 70마리를 사들여 소가 없는 마을에 나누어주어 돌아가며 경작하게 했다고 한다. 부산박물관에는 옛 부산항 수출우 검역소 사진도 전시되어 있다. 부산 우암동에는 1909년에 일본으로 수출하는 소를 검역하는 부산항 수출우검역소가 설치되어 수많은 조선의 소들이 부산항을 통해 일제로 수탈되었다. 그런 역사를 생각하면 이제는 누구나 소고기 구이를 먹을 수 있다는 사실이 새삼 놀랍다.

부산 기장군 철마는 한우

철마 한우축제 ⓒ 유소희

숯불구이로 유명하며 대나무가 즐비
한 아홉산 숲 산책로를 거닐어볼
수 있다. 매년 철마 한우불고기
축제가 개최되며 축제 행사로 커
다란 그릇에 육회비빔밥을 함께
만들며 화합을 다지기도 한다.

여전히 선뜻 마음 내기 어려운 비싼

철마 한우 우남정 ⓒ 유소희

외식 메뉴이지만 귀한 손님을 모실 일
이 있거나 축하할 일이 생겼을 때, 제대로 기분 내고 싶으면 역시 소고
기 구이만한 음식이 있을까. 거기에 육회와 된장찌개, 멸치액젓과 새
우젓으로 담근 경상도 김치까지 곁들인다면 금상첨화이리라.

유소희 ◆ 전 부산대학교 중어중문학과 강의교수

면

피란민의 애환이 담긴 '6 · 25 푸드',

━━━〜〜〜〜〜〜〜〜

밀면

밀면을 한입 가득 넣으면 여름이 녹아내리는 느낌이 든다. 부담스럽
지 않은 가격에 살얼음이 동동 뜬 밀면은 그야말로 허기와 갈증을 동
시에 날려준다. 쫄깃하고 시원한 면발, 진하고 구수한 육수, 알차게 들
어간 오이, 배, 계란 고명, 여기에다 매콤새콤한 양념장이 어우러져 입
맛을 돋운다. 그런데 밀면의 탄생에 한국전쟁 피란민의 아픈 역사가
깃들어 있다는 사실을 얼마나 많은 사람이 알까?

한국전쟁 후 비로소 대중화된 밀가루로 만든 면
본래 한국의 토양은 밀 재배에 적합하지 않기에 강원도와 함경도 등

척박한 땅에서 자라는 메밀이 국수 재료로 활용되어왔다. 그래서 조선시대까지만 해도 하얀 밀국수보다 거무스름한 메밀국수가 흔했다. 껍질과 알갱이가 단단한 메밀은 곱게 가루를 빻아내는 데 많은 시간과 정성이 들어가야 했고 육수와 고명을 준비하려면 적지 않은 비용이 들었다. 따라서 왕실과 권문세족만 먹을 수 있는 상류층의 사치스런 음식이었다. 그들은 돌잔치 결혼 회갑 같은 중요한 경사에 장수와 평안을 상징하는 국수로 손님을 대접했다.

한국전쟁 후 미국에서 밀가루를 원조받으면서 밀가루로 만든 국수가 대량 생산되었고 한국의 국수 문화는 새로운 전기를 맞이했다. 1960년대에 들면서 정부는 쌀 생산량 부족으로 인한 식량 보급 문제를 해결하기 위해 혼분식 장려 운동을 적극 벌였고, 이로 인해 국수는 더욱 대중화되었다. 한민족이 굶주림과 헐벗음에 내몰렸던 전후에 따뜻한 국수 한 그릇은 허기를 채워주는 든든한 한 끼 식사로 손색이 없었다.

냉면의 아들, 밀면

"국물에 담긴 것을 젓가락으로 움켜쥐어 먹는다"라는 뜻의 국수掬水. 이 음식은 지역에 따라 또 기후에 따라 각기 다양한 모습으로 발전해왔다. 막 만들어 먹는 국수라는 의미를 지닌 춘천 막국수, 흑돼지로 고아낸 육수에 돼지 수육을 올리는 제주도 고기국수, 메밀가루로 만든 면에 꿩·닭·쇠고기를 고아 우려낸 육수로 만드는 평양냉면, 감자전분으로 면을 뽑아내고 가자미회를 올려 고추장 양념에 비벼먹는 함흥냉면, 그리고 밀가루와 전분으로 만든 굵은 면에 돼지 뼈와 사골을 우려낸 육수를 부어서 시원하게 먹는 부산 밀면 등 각양각색이다.

부산 밀면은 한국전쟁 때 함경도에서 남으로 피란 온 피란민들에 의해 만들어졌다. 그 당시는 부산 사람들이 우동이나 소면 등을 즐겨 먹던 시절이었다. 함경남도 흥남시에서 동춘면옥이라는 냉면집을 운영하던 피란민이 흥남철수 당시 부산에 정착하게 되었는데, 메밀가루나 감자전분을 구하기 어려워 그 대신 밀가루로 면을 뽑아 냉면을 만들었다고 한다. 그래서 밀면은 처음에는 밀냉면이라 불렸다. 바꾸어 말하자면, 밀면은 냉면에서 유래한 것으로, 냉면과의 차이점은 면을 밀가루로 만드느냐 또는 메밀이나 감자전분으로 만드느냐였다.

밀면의 아버지 격인 냉면은 본래 함흥 지방에서는 농마국수라고 불렸다. 농마라는 말은 감자 농마(녹말)에서 온 것으로, 함경도 쪽에서는 감자 생산량이 많아 감자 녹말로 면을 만들어서 먹었는데, 감자전분으로 만든 냉면은 식감이 너무 질겨서 남쪽 사람들이 그다지 좋아하지 않았다고 한다. 게다가 냉면은 원재료 가격 때문에 그 값이 비싸서 서민들이 쉽게 즐길 수 없었다. 그래서 값싼 밀가루의 보급으로 단가를 낮춘 부드러운 식감의 밀면이 남쪽 사람들에게 큰 사랑을 받았다.

1970년대 이전에는 밀냉면, 부산식 냉면, 경상도 냉면 등으로 불리다
가 1990년대부터 밀면이라는 명칭으로 통용되었다. 그리고 이때부터
밀면은 부산의 향토 음식으로 자리잡기 시작했다.

피란민이 만든 밀면

부산밀면의 원조라 불리는 내호냉면의 탄생 과정은 한국전쟁 직후 피
란민의 삶과 밀접하게 관련된다. 내호냉면의 1대 사장은 흥남철수 때
남으로 내려와 부산 우암동에 정착한 함흥 출신 피란민이다. 1950년
미국 화물선 메러디스 빅토리호는 정원이 60명밖에 안 되는 화물선
이었는데 군수품을 싣는 대신 1만 4000명의 피란민을 태우고 거제도
로 왔다. 이 피란 행렬에 내호냉면의 1대 사장이 타고 있었다. 우암동
내호냉면이 위치한 자리는 본래 일제강점기 때 소의 막사 그러니까
일종의 외양간이 있던 곳으로, 한국전쟁
이후 이 소막을 피란민 수용소로 전
용하면서 소막마을이 조성되었
다. 피란민 수용소에 들어와 살기
시작한 1대 사장 이영순과 딸 정
한금은 근처 동항성당에서 나눠준
배급 밀가루에 고구마전분을 7 대

허영만의 『식객』에 소개된 내호냉면

2023년 부산임시수도기념관
밀면가게 재현 전시
ⓒ 부산임시수도기념관 홈페이지

3 비율로 섞어 밀면을 개발했다고 한다.

육수는 소뼈를 푹 고아서 사용했는데, 그 당시 소뼈는 정육점에서 고기만 사면 공짜로 끼워줄 정도여서 사골 육수를 어렵지 않게 만들 수 있었다. 그때만 해도 부산 사람들은 주로 해물 육수를 먹었지 소뼈를 고아 먹을 줄 몰랐다고 한다. 그 무렵 내호냉면 근처에는 적기구호병원이 있었다. 이곳을 이용하는 많은 결핵 환자들에게 사골국물에 국수를 말아 저렴하게 팔았는데 이것이 의외로 큰 인기를 끌었다고 한다.

밀면은 그 당시 부산 사람들에게 굉장히 색다른 음식이었다. 저렴한 가격에 맛도 있어 북에서 내려온 피란민들은 냉면을 대신하여 밀면으로 향수를 달랬으며, 부산 사람 역시 밀면이면 저렴하게 한 끼를 든든히 해결할 수 있었다. 그때는 '경상도 냉면'이라 불렸다고 한다.

내호냉면에 가면 밀면을 맛있게 즐기는 방법이 친절하게 붙어 있다. "첫째, 주문하고 기다리는 동안 육수를 드시면서 입안을 개운하게 한다. 둘째, 밀면이 나오면 면을 자르지 말고, 셋째, 밀면의 맛을 느끼기 위해 식초나 겨자는 넣지 말고 밀면만 먹는다. 넷째, 밀면 본연의 맛을 보셨다면, 기호에 맞게 식초나 겨자를 넣어 드신다. 다섯째, 찬으로 나온 무채를 곁들여 드신다." 사장님의 밀면에 대한 애정과 열정 덕분에 내호냉면은 2010년 3월 9일 동아일보에 연재중이던 허영만의 〈식객〉에 소개돼 전국적인 유명세를 탔다.

지금은 부산을 대표하는 향토 음식이 되었지만 6·25 시절에는 피란민의 음식이었다. 미군 부대에서 남은 음식찌꺼기를 모아 끓였다고 해서 유엔탕이라고 불리던 일명 꿀꿀이죽과 함께 밀면은 피란민의 애환이 담긴 '6·25 푸드'이다. 이러한 이유로 부산임시수도기념관에서는 현재 어린 연령층을 대상으로 전쟁의 참혹함 속에서 피어난 부산의 문화와 역사를 알려주려고 '피란도시 부산'이라는 주제로 밀면 가게를 재현해 보여주고 있다.

대중화된 밀면, 맛은 가게마다 천차만별

긴 면을 동그랗게 말아 단아하게 담아 내온 밀면은 정말 먹음직스럽다. 호로록 소리를 내면서 연신 젓가락으로 면발을 입속으로 가져다 나르는 손님들을 보면 밀면집 사장님들은 흐뭇하다고 한다. 혹여 끓어진 면발이 다시 면기로 떨어지면 안 된다는 '국룰'이라도 있다는 듯이 손님들은 긴 면발을 연신 입속으로 가져간다. 여기서 잠깐! 밀면을 먹다보면 밀면의 면은 왜 국수 소면보다 쫄깃한지 궁금해하는 사람도 있다. 같은 밀가루로 만든 건데 말이다. 그건 바로 면을 만드는 방법의 차이 때문이다. 소면은 반죽할 때 당기고 늘려서 만드는데, 밀면은 눌러서 면을 뽑는다. 그래서 소면은 면 내부에 공기가 많이 들어가 밀도가 낮아서 식감이 부드럽고, 밀면은 공기가 적게 들어가 밀도가 높아 식감이 쫄깃하다.

현재 부산에는 대를 이어 비밀스러운 레시피를 전승해가는 밀면 가게가 적지 않다. 부산에는 500개 이상의 밀면 음식점이 있는데 그 맛이 천차만별이다. 당감동에 있는 시민냉면·밀면은 밀가루에 고구마 전분을 7 대 3의 비율로 섞어서 반죽한다. 밀가루로만 면을 뽑으면 면이 처지기 때문에 쫄깃한 맛을 더하기 위해 1대 사장님이 고안한 방법이라고 한다. 보통 밀면은 물과 비빔 두 종류가 있는데, 이곳은 구분이 없다. 비빔밀면처럼 나오는데, 여기에 냉육수를 부어서 물밀면과 비빔밀면의 맛을 동시에 즐길 수 있다. 자갈치시장 근처에 위치한 대성밀냉면은 밀가루에 찹쌀, 마, 감자전분 등을 넣어 쫄깃함과 고소함을 더했다. 그리고 삼채라는 산약초를 넣어 끓인 육수가 독특하다. 개금시장에 위치한 개금밀면과 거제동 국제신문사 근처의 국제밀면은 밀가루를 소금과 물로만 반죽하는 것이 특징이다. 초량전통시장에 있는 원조부산밀면은 꿩육수를 고집해서, 가마솥에서 5일간 우려낸 육수를 사용하는 전통 방식을 고수한다. 고명 역시 돼지고기나 가자미, 간재미회무침, 가오리회, 계란, 배, 무 초절임 등이 가게마다 달리 올려진다. 여기에 다진 양념장을 올려 만든 밀면은 전체적으로 맵싸하면서도 '단짠단짠'한 맛이다.

 살얼음이 동동 뜬 육수를 들이켜면 무더위로 인한 갈증이 한꺼번에 훅 날아간다. 육수의 풍미가 면발에 제대로 배면 면의 찰진 식감에 단맛이 더해져 먹는 내내 행복하다. 면의 식감을 다양하게 즐겨보는 것도 밀면을 먹는 재미 중 하나다. 쫄깃한 면발과 시원한 육수, 새콤달콤한 양념장의 조화를 상상하다보니 어느새 침이 고인다.

김소정 ♦ 한국민족문화연구소 전임연구원
부산대학교 중어중문학과를 졸업하고 중국사회과학원에서 박사학위를 취득했다. 전공은 중국고전소설이다. 현재 중국문학이 서구권으로 번역되어간 양상과 번역가의 활동에 대한 연구를 진행하고 있다. 저서로 『번역과 중국: 20세기 전반기 서양문학의 수용』, 역서로 『문명소사』 등이 있다.

간짜장

계란 프라이가 있느냐 없느냐, 그것이 문제로다

짜장면의 고향은 중국이지만, 한국의 외식 문화를 만나 한 세기를 거치며 한국식 짜장면이라는 문화 코드로 거듭났다. 2006년에는 한국을 대표하는 100대 민족 문화에 이름을 올리기도 했다. 생각해보면 어린 시절 좋은 날이나 특별한 날에는 늘 짜장면을 먹었다. 졸업식이나 새집에 이사한 첫날 찍은 기념사진 한구석에는 나무젓가락이 꽂힌 짜장면이 흔히 등장한다. 이렇게 외국의 음식이 한국인의 '소울 푸드'가 된 예가 또 있던가?

든든한 한국 짜장면

중국에 가서 짜장면을 주문해본 사람이라면 누구나 느꼈을 것이다. 중국이나 타이완에서 판매하는 짜장면은 여러 가지 면 요리를 파는 허름한 식당의 사이드 메뉴 중 하나로, 저렴한 가격에 걸맞은 아주 작은 그릇에 담겨 나오는 경우가 많다. 배가 많이 고픈 여행자라면 실망할 것이 분명할 만큼 적은 양이다. 맛은 어떤가. 고기와 기름에서 나오는 풍부한 맛을 자랑하는 한국 짜장면과 달리, 중국과 타이완의 짜장면은 짭짤하고 고소하면서도 가볍다. 결론적으로 한국과 중국의 짜장면은 그 뿌리는 같을지 모르나 서로 완전히 다른 요리로 변화했다.

간짜장은 기름에 볶은 춘장에 돼지고기, 양파 등을 넣고 한 번 더 볶은 소스를 면에 부어서 비벼 먹는 요리다. '간乾' 자를 쓴 것은 일반 짜장과 달리 물과 전분 없이 볶아냈다는 의미고, 일반 짜장면과의 가장 큰 차이도 그 점에 있다. 한국 최초의 짜장면은 1900년대 초기 인천 차이나타운 중식당에서 등장했다는 것이 정설이다. 이후 짜장면에서 일부 재료를 바꾸거나 요리법을 달리한 간짜장, 유니짜장, 삼선짜장부터 사천짜장이나 쟁반짜장까지 다양한 짜장면이 출시됐다. 제대로 만든 간짜장 소스는 센 불에 볶은 양파와 고기가 어우러진 달콤한 냄새와 특유의 생생한 식감이 압권이다. 다만 소스가 기름지고 수분이 적은 탓에 종종 면과 소스가 잘 섞이지 않는다고 느낄 수 있기 때문에 면과 소스에 대한 조리자의 연구와 이해가 필요하다.

계란 프라이라는 화룡점정

원래 부산 하면 떠오르는 음식은 회나 해산물과 같은 지역 특산물이거나 밀면이나 돼지국밥 같은, 한국전쟁 당시 각지에서 온 피란민이 부산에서 재창조한 음식이 대부분이었다. 그런데 어느 날부터 '중국집'이 부산에 가면 꼭 찾아야 할 맛집 목록에 오르내리더니, 부산 중국집에서는 간짜장에 계란 프라이를 얹어준다는 소문이 퍼져나갔다. 영화 속 '그곳' 혹은 유명한 맛집 프로그램에 등장했던 3대 짜장면, 탕수육, 만두 등이 화제에 오르면서, 중국집은 관광객이 즐겨 찾는 명소가 되었다. 소셜미디어에는 부산을 방문한 여행객들이 올린, 세월이 고스란히 느껴지는 중국집 사진이나 어깨가 구부정한 주방장 겸 사장님을 만난 후기가 넘쳐난다. 특히 부산에는 유명한 간짜장 집이 열 손가락 넘게 꼽을 만큼 많다. 2015년 2월 20일자 조선일보 중문판에 한국인이 추천하는 짜장면 맛집 다섯 곳이 소개되었는데, 부산 차이나타운에 위치한 중국집 간짜장도 그중 하나로 꼽혔다. 기사에서 내세운 이 가게의 가장 큰 특징은 바로 면 위에 계란 프라이를 올려준다는 점이었다. 계란 프라이가 올라간다는 점이 특이하기는 하지만, 그것이 맛을 좌우할 리는 없다. 다만 그 점이 다른 지역과의 차이를 보여주는, 부산 스타일 간짜장의 이미지로 자리잡은 것이다. 부산이 주요 배경인 영화 〈극비수사〉에서는 서울로 출장을 간 부산의 형사가 중국 음식을 배달시킨 다음 자기 간짜장은 어디 있냐고 묻는 장면이 나온다.

간짜장 ⓒ 문희정

면과 짜장 그릇은 있는데 계란 프라이가 보이지 않았기 때문이다. 간
짜장을 식별하는 데 있어서 부산 사람에게 계란 프라이의 존재가 얼
마나 강력한 기준인지를 잘 보여주는 장면이다.

청요릿집 봉래각

강화도조약의 체결로 1884년 인천에 이어 1887년 부산의 현 초량동
일대에 청국 영사관과 조계지가 설치됐다. 조계지에는 청국 영사관과
무역상의 점포들이 자리잡으며 청관 거리가 형성되었고, 화교의 숫자
는 일제강점기에도 꾸준히 증가했다. 당시 청관 거리에서 가장 유명

한 청요릿집은 단연 봉래각이었다. 1922년 부산 최초의 고층 건물이자 개인 종합 병원으로 개원한 백제병원은 이후 악재가 겹치며 운영난을 겪다가 1932년 동양척식주식회사에 의해 중국인의 손에 넘어갔는데, 이를 고급 식당으로 개조한 것이 봉래각이다. 봉래각은 1942년 일본군 장교 숙소로 사용되기 전까지 120개의 개별 객실을 갖춘 요정으로 성업했으며, 부산에 관광 온 일본인이 즐겨 찾는 명소로도 유명했다고 한다. 요즘식으로 말하면 1930년대 근대 부산을 대표하는 '핫플레이스'였던 셈이다.

부산에 지금과 같은 형태의 중국집이 많아진 것은 한국전쟁 이후로 추산할 수 있다. 부산으로 몰려든 피란민 중에는 한국의 다른 지역에서 온 화교들 숫자도 상당했고, 전쟁이 끝난 후에도 돌아가지 않고 부산에 남은 인구 또한 적지 않았다. 화교들은 요식업에 종사하는 경우가 많았고, 전쟁 이후 부산이 한국 제2의 도시로 성장하면서 사람과 물자가 모여들어 외식업의 성장세도 가팔랐다. 그렇게 짜장면으로 대표되는 중국 요리는 부산 사람들의 일상에 깊숙이 녹아들었다. 하지만 유독 부산에서만 간짜장에 계란 프라이를 얹어주는 이유는 어떻게 설명해야 할까? 그것도 삶은 계란이나 지단이 아닌 프라이를 얹어준 이유가 따로 있을까?

계란을 올려 더욱 맛있는 음식이 되는 경우는 수없이 많다. 오므라이스나 비빔밥, 냉면, 마제소바 등에 다양한 방식으로 조리한 계란을 곁들이는데 이는 음식의 맛과 멋을 돋운다. 하지만 간짜장 위에 올라간 계란 프라이와는 조금 다르다. 밥이나 면에 섞여 풍미를 높이기 위해 존재하는 것이 아니기 때문이다. 간짜장에서 계란 프라이는 이것이 보통의 짜장면이 아닌, 500원을 기꺼이 더 낸 손님을 위해 준비한 고급 음식이라는 사실을 증명하기 위해 거기 존재한다고 보는 것이 맞다. 이것이 부산의 넉넉한 인심을 보여준다는 사람이 있는가 하면, 계란 노른자를 터트려 면과 소스에 비벼 먹으면 풍미가 올라간다고 주장하는 사람도 있다. 하지만 음식에 재료를 아끼지 않는 인심이라면 부산 못지않은 곳도 많고, 계란 프라이를 익힌 정도도 중국집마다 다르다. 주문이 몰리는 바쁜 시간에는 미리 튀겨둔 계란을 얹어주나 싶은 상태일 때도 많고, 배달로 받은 간짜장이라면 이미 식은 계란 프라이를 면이나 소스와 섞기가 쉽지 않다. 기름진 소스와 밀가루 면으로 상당한 칼로리를 자랑하는 음식에 계란 하나를 보태 영양을 보충한다는 말도 억지스럽다. 그러니 간짜장에 얹는 계란 프라이는 그야말로 고급화의 상징이라고 보는 쪽이 맞을 듯하다. 계란은 과거 귀한 대접을 받던 식재료고, 냉면이나 밀면처럼 면 요리에 계란을 얹는 정도는 한국인에게 거부감이 없는 시도니까. 뭐라도 하나 더 얹어 짜장면보다 더 고급스러운 음식을 만들고자 했을 때 가장 탁월한 선택이 아니었겠는가.

일본의 화양절충

하지만 왜 삶거나 얇게 지진 것이 아닌 튀기듯 부친 계란을 면 위에 올렸는가에 대해서는 일본 문화의 영향을 생각해볼 만하다. 메이지 유신 이후 일본은 서양 요리법을 적극 도입하여 화양절충의 요리 문화를 만들었는데 이는 식민지 조선에도 큰 영향을 미쳤다. 부산은 지리적 조건상 오래전부터 일본과 교류가 많았다. 특히 일제강점기 부산은 근대 항구의 특성상 조선 물자가 일본으로 대량 빠져나가는 동시에 일본 문화가 가장 먼저 들어오고 전파되는 공간이었다. 일본을 통해 서구 문물을 받아들인 조선인들에게도 화양절충의 조리법은 세련되고 현대적인 문화로 포장되어 상류층에서 크게 유행했다. 당시 화양절충 요리의 가장 큰 목적은 고기를 먹지 않던 일본인에게 영양이 풍부한 음식을 섭취시켜 서양인 같은 체격을 갖게 하려는 것이었다. 식재료도, 조리법도, 식기까지 완전히 새로운 서양식 요리는 단순한 음식이 아닌 서양 문명 그 자체였을 것이다. 달고 짜게 볶은 밥을 따뜻한 계란으로 감싼 오므라이스나, 빵가루를 묻혀 튀긴 돼지고기를 밥과 함께 먹는 돈가스가 화양절충 요리의 대표적인 예다. 기름과 고기가 모두 귀했던 조선에서 이런 요리가 얼마나 신선한 충격이었을지는 충분히 짐작 가능하다. 식재료와 함께 서양식 조리 도구도 조선에 소개되기 시작했다. 1930년대 이후 신문 지면에 간단하면서도 그럴싸한 양식을 만드는 법이 소개되곤 했는데, 그와 더불어 '후라이팬' 또는

'푸라이팬'의 관리 방법을 설명하는 기사도 등장한다. 기존에 없던 새로운 조리 도구로 무언가를 튀겨서 먹는 문화가 1930년대에 일본을 통해 근대 문명과 함께 조선에 들어온 것이다.

다시 간짜장 위에 놓인 '프라이'한 계란으로 돌아가보자. 돈가스 하면 떠오르는 경양식집에서 돈가스와 어깨를 나란히 하는 메뉴는 바로 함박스테이크다. 부산에는 함박스테이크로 유명한 오래된 레스토랑이 꽤 많은데, 이 함박스테이크에도 어김없이 계란 프라이가 얹혀 있다. 두툼한 햄버거 패티 위에 촉촉하게 소스를 뿌리고 계란 프라이를 얹은 모습은 간짜장과 다른 듯 닮은 구석이 있다. 대표 메뉴인 돈가스보다 500원에서 1000원 정도가 더 비싸다는 점도 비슷하다. 1930년대 부산의 대표적인 일본인 거주지였던 용두산 일대와 청관 거리가 위치했던 초량 일대는 거의 경계가 맞닿은 가까운 거리여서 건축과 문화, 생활양식 면에서 서로 영향을 주고받지 않을 수 없었다. 게다가 고급 청요릿집의 주요 고객 역시 일본인이었다. 당시 부산 청관 거리 일대 중식당이 한국의 어떤 곳보다 일본식 조리법이나 요식업의 영향을 받기 쉬운 환경이었으리라 추측할 만한 대목이다. 마침 중국집에는 기름이 흔했고, 계란 하나 튀겨 볶음밥이나 짜장면 위에 얹어주는 정도는 크게 품이 드는 일은 아니었을 테니, 이는 짜장면보다 고급스러운 식사 한 그릇을 내어놓는다는 표식으로 상당히 효과적인 방법 아니었겠는가. 그것이 지금의 부산식 간짜장으로 이어졌다고 보아도 꽤 그럴듯한 추측이 아닐까?

간짜장에 담긴 뜻

왜관이 있던 작은 어촌 마을은 조선 최초의 근대 개항장이 되면서 국제도시의 면모를 갖춰갔고, 한국전쟁 발발과 함께 전국 각지에서 피란민이 쏟아져 들어오면서 팔도 문화가 모이고 뒤섞이며 새로운 역사를 쓰게 되었다. 부산은 문화가 오고가는 동북아의 관문이자 교역장이었고, 전쟁을 피해 유입된 사람들에게 새로운 삶의 터전이었다.

혹자는 부산 음식은 뿌리가 없다고 낮춰 말하기도 한다. 지리적으로 고립돼 있어 외부와 교류가 적은 지역에서는 자신들의 문화를 보존하고 정교하게 다듬기가 용이했을 것이다. 하지만 부산은 끊임없이 사람과 물자가 드나들었다. 부산은 변화를 향해 열려 있었고, 낯선 사람과 문화를 거부하지 않았으며, 받아들인 문물을 부산 스타일로 재창조하는 데 능했다. 원래 자신의 것이 무엇인지 따지는 대신 새로운 문화를 받아들여 부산의 것으로 만들었다. 지금도 부산 차이나타운에서 바로 길 하나를 두고 텍사스 거리가 형성돼 있다. 이곳은 한때 미군의 활동 무대였다가, 이후 러시아 상인들과 동남아시아 선원들이 쇼핑과 유흥을 즐기는 공간으로 조금씩 외관과 기능을 바꿔가며 꾸준히 자리를 지키고 있다. 이처럼 세계 문화가 소리 없이 뒤섞이고 새롭게

창조되는 공간이 부산 곳곳에 여전히 존재한다.

    요즘은 계란이 더이상 귀한 식재료도 아니니, 간짜장에 계란 프라이 하나 올리는 것이 뭐 그리 대단한 일이냐고 물을 수도 있다. 그러나 가설이기는 해도 부산 간짜장이 정말로 중국 산둥 지역 출신 화교들의 음식에 일본이 서양을 좇아 개발한 레시피가 접목된 결과물이라면, 그것이야말로 근대 부산의 모습을 잘 보여주는 요리가 아닐까? 부산이 세계를 받아들이고 다시 세계적인 문화를 만들어내는 힘이 계란 프라이와 함께 간짜장 그릇에 담겨 있는 것이다.

문희정 ◆ 번역문학가
부산대학교 중어중문학과에서 중국현대문학 전공으로 석사학위를 취득하고 박사과정을 수료했다. 박사과정 재학중에 교환학생으로 타이완의 국립정치대학교 타이완문학연구소에서 수학했다. 부산대학교 현대중국문화연구실에서 활동하면서 다양한 중문문학을 번역하여 한국에 소개하고 있다. 주요 번역서로 장구이의 『회오리 바람 1 · 2』, 중자오정의 『침몰하는 섬 1 · 2』, 우허의 『여생』, 자오번푸의 『무토시대』, 경요의 『눈꽃이 떨어지기 전에』, 지다웨이의 『막』 등이 있다.

구포국수

'쫄깃', 강바람에 말린 그 맛 국수의 대명사

부산에는 유명한 시장이 많다. 많이 알려진 시장으로는 자갈치시장과 근처의 국제시장, 깡통시장이 있다. 그밖에 비교적 규모가 큰 구포시장, 부전시장, 서면시장, 진시장과 규모가 작은 각 동네의 재래시장까지. 수많은 시장이 각각의 특색을 간직한 채 자리잡고 있다.

물건을 사거나 구경하러 시장을 찾은 이들은 출출해진 배를 시장에서 파는 다양한 음식으로 채운다. 지역마다 특색 있는 국수 역시 그 지역 대표 시장에 가면 쉽게 접할 수 있다. 부산을 대표하는 면 요리는 밀면이고, 강원도를 대표하는 면 요리는 그 유명한 막국수, 제주도 하면 고기국수가 유명하다.

부산을 대표하는 면 요리가 밀면이다보니, 타지인에게 '구포국수'라는 존재는 좀 낯설다. 구포국수를 찾는 이는 부산을 잘 알거나 연세 지긋하신 분들로, 그들 역시 구포국수라 하면 완성된 요리보다는 국수의 재료가 되는 밀가루 건면을 떠올리는 경우가 잦다. 그런데 부산에는 구포라는 지역이 있으며, 그곳에서 생산되던, 그리고 지금도 명맥을 유지하려 애쓰는 이들이 만드는 구포국수가 있다. 게다가 부산 지역 웬만한 국숫집에서는 앞에 '붕어표' '잉어표' '조기표' 등의 이름을 단, 구포'쫄깃'국수를 주재료로 사용한다. 부산 사람들에게 구포국수는 정겨운 이름이자 맛이 보장되는 국수의 대명사이기 때문이다. 아예 구포국수를 가게 상호로 달고 영업하는 국숫집이 있을 정도다.

국수의 맛을 근원적으로 좌우하는 것은 육수나 고명보다는 면이다. 구포국수의 명성은 제품명에 빠지지 않고 등장하는 '쫄깃'에서 알 수 있듯, 쫄깃한 면발과 적당한 간에서 비롯된다. 이 쫄깃함의 시작은 구포라는 지역과 뗄 수 없는 관계를 맺고 있다.

낙동강 두물머리 구포와 구포국수의 탄생

부산 사람들조차도 '구포龜浦'라는 지역이 얼마나 오랜 역사를 지녔으며, 얼마나 중요한 곳이었는지 잘 알지 못한다. 오늘날 구포는 부산의 중심지인 해운대, 동래, 남포동, 서면에 비해 개발이 덜 된 낙후한 곳으로 인식된다. 하지만 경부선 열차가 부산으로 들어왔음을 알리는 첫 역명이 구포역이라는 사실은 구포가 동남부 해안 지역과 한반도 내륙과의 교통에서 중요한 지역이었음을 짐작게 한다.

거북 '구龜'와 물가 '포浦'로 이루어진 구포라는 지명의 의미와 어원에 대해서는 의견이 분분하다. 대표적인 해석 두 가지만 소개하자면 이렇다. 구포는 원래 '감동포'라는 이름으로 더 익숙했다. 감동포는 크다는 뜻의 '금', 둘을 뜻하는 '동', 나루를 뜻하는 '포'로 이루어진 말이라는 설이 있다. 낙동강과 또다른 큰물인 덕천德川이 합류하던 지점이 바로 감동포였고, 그 뜻은 '크게 갈라지는 두물머리에 자리잡은 나루'다. 이 명칭이 변형되어 구포가 되었다는 의견이다. 또다른 해석은 부산 북구문화예술회관 역사문화홍보관에서 찾을 수 있다. 구포 남쪽에 자리한 '거북의 머리와 몸통을 빼닮은 범방산이 낙동강을 향하여 엎드린 모양'이라는 의미의 '구복포'에서 구포가 비롯되었다는 것이다. 어떤 식의 해석이 타당하든, 낙동강이 바다로 흘러들어가는 하구 지역이라는 사실이 구포의 가장 큰 특징이다. 지금도 항공사진이나 인터넷에서 쉽게 구할 수 있는 구포 지도를 보면, 이곳이 낙동강과 근접하다는 사실이 한눈에 들어온다. 경부선을 타고 구포역을 스쳐지나가는 이들은 결코 느낄 수 없는 구포 지척의 낙동강이, 구포국수의 맛을 좌우하는 데 결정적인 역할을 한다.

낙동강은 남한에서 가장 긴 강이다. 강원도 태백에서 발원해 영동지역을 내려와 남해로 나가는 낙동강은 옛날 수로 교역에서 중요한 강이었다. 2006년 동아대학교 박물관에서 발행한 『구포덕천동유적』
은 삼한시대부터 이어진 구포의 오랜 역사를 보여준다. 조선 임진왜
란 시기에는 왜군의 수로 확보와 지역 간 연락을 위해 요지였던 이곳
에 구포 왜성을 축조하기도 했다. 조선시대 세곡 보관 창고인 '감동창'
도 여기에 있었다. 이 지역은 원래 양산군에 속했는데 고종 임금 때 조
정에서 이 지역을 동래군 소속으로 바꾸자 지역 유림들이 한양으로
올라가 이를 따질 정도로 구포는 부유한 지역이었다(이들의 노력으로
이후 구포는 다시 양산군에 속한다).

　우리에겐 치욕의 역사이자 저항의 역사였던 일제강점기에 경부선
을 중심으로 근대화된 육로 교통이 본격적으로 개시된다. 러일전쟁
에 필요한 물자 조달과 만주 침탈을 목적으로 일본이 주도하여 개통
한 경부선이 구포역을 지나간다는 사실은, 구포가 근대 이후 여전히
물류 유통 및 교통에서 중요한 역할을 맡았음을 시사한다. 이러한 배
경 때문에 구포가 경제적으로 번영했음은 조선인이 최초로 설립한 민
간은행인 경남은행의 전신 구포은행에서도, 구포장터에서 거행된 3·1
만세운동이 다른 지역과는 달리 상인을 중심으로 이루어졌다는 사실
에서도 찾아볼 수 있다.

　우리가 오늘날 쉽게 접하는 국수는 대부분 밀가루 국수로, 다르게
는 소면이라 부른다. 원래 우리 선조들에게는 밀가루가 흔하게 접하
는 식재료가 아니었기에, 국수가 대중화되려면 밀가루부터 쉽게 구할

수 있어야 했다. 구포역을 지나는 경부선은 이를 가능케 했다. 일본에서는 메이지 유신을 거치면서 근대적 제분·제면 기술을 갖췄고 서민들도 밀가루로 만든 음식을 즐겼다. 일본은 1919년 전쟁 물자 조달을 위해 한반도에 만주제분 진남포 공장을 세우는데 이것이 우리나라 근대적 제분의 시작이다.

구포국수의 탄생은 경부선 구포역의 개통과 밀접하게 연관될 수밖에 없다. 경부선을 통해 우리나라 최대 밀 생산지인 황해도 밀과 일본 밀이라는 재료가 옮겨졌다. 그러면서 구포역 주변에 제분·제면 공장이 여럿 들어섰다. 이들이 구포국수의 오랜 역사를 만들어왔다고 해도 과언이 아니다. 그런데 각 생산 공장에서 자기네 브랜드명이 아니라 지명을 제품 이름으로 내세움으로써 구포국수라 불렸다. 이는 경쟁보다 상생을 위해서였다. 원래 각자 브랜드로 제품을 냈지만, 이후 함께 살자고 의기투합하여 '구포국수'로 이름을 합쳤다. 이들 공장에서 만든 국수가 우리가 소면이라고도 부르는 건면이었다.

구포역이 재료인 밀과 밀가루 유통 및 판매에서 결정적인 역할을 담당했다면, 구포국수의 맛은 낙동강 강바람이 만들어냈다. 국수의 맛은 반죽과 건조가 거의 모든 것을 좌우한다. 소금기 안은 낙동강 강바람은 국수 건조에 그야말로 적합했다. 분지라 건조에 유리했던 대구의 풍국면과 더불어, 한때 전국 국수 생산량의 80퍼센트를 담당했던 구포국수는 쫄깃하고 짭조름한 특유의 맛으로 명성이 자자했다. 소금이 글루텐을 더욱 찰기 있게 만들기 때문이다.

삭병, 소면, 국수

나라 안에 밀이 적다. 모든 밀은 장사치들이 경동도京東道(중국의 산둥)를 통해 수입하여 면 가격이 대단히 비싸므로, 큰 잔치가 아니면 쓰지 않는다. 식품 가운데도 나라에서 금하는 것이 있으니, 이것이 더욱 웃기는 일이다.

송나라 사신 서긍徐兢은 고려를 방문하고 알게 된 풍속을 『고려도경高麗圖經』이라는 저술로 기록했다. 위 글은 그중 「고려의 연회」에 나온다. 장수면長壽麵이라는 긴 면발 음식인 국수는 당나라 때부터 보이지만, 국수 요리가 본격적으로 대중화된 것은 송나라 때부터였다. 송나라에서 온 서긍 입장에서 보자면 밀가루 면 요리에 대한 고려 조정의 제약은 상당히 이상했을 것이다.

원나라 때 중국어 교재였던 『노걸대老乞大』의 한국어 풀이본인 '언해'에는 "즌국슈" "마른국슈"라는 표현이 나온다. 국수는 순우리말로, 의미를 살려 '물에 만 음식을 건져 먹는다'는 뜻의 한자어 '국수掬水'로 표기한다고 한다. 고려시대와 조선시대 기록에서 국수는 다양한 곡물로 만든 '면麵'을 의미하기도 했다. 중국의 경우는 우리와 달라, 처음에

요리된 국수 ⓒ 성옥례   구포국수 ⓒ 성옥례

는 '면'(멘)은 밀가루, 밀가루로 만든 음식은 '탕병湯餠'(탕빙)이라고 불렀다. 정약용은 면을 밀가루에 한정해서 써야 한다(『아언각비雅言覺非』)고 주장하기도 했으나, 원래 국수란 다양한 곡류로 만든 면을 통칭하는 표현이었다. 그러다 밀가루가 흔해지면서 오늘날 일반적으로 알고 있는 국수의 대표 재료로 자리하게 된다.

중국에서 몐 혹은 몐타오麵條라 부르는 국수 가운데, 우리에게 가장 익숙한 것이 '소면素麵'(중국에서는 '쑤몐', 일본에서는 '쇼몐'이라 부른다)이라 부르는 밀가루 국수다. 소면이란 말을 듣고 이를 중면과 대비해 소면이란 '가는 면발의 국수'가 아니겠냐고 오해하는 이들이 꽤 있다. 하지만 소면의 '소'는 원래 '작다'는 의미의 소小가 아니라 희고 소박하다는 의미의 소素다. 밀가루 면의 흰색이 떠오르는 이 이름은, '고기 없이' '채소 위주의'라는 의미를 담고 있다. 채식 위주의 담백한 쑤멘이 일본 사찰을 중심으로 전파되면서 쇼멘이 되었다. 오늘날에도 국수는 스님이 즐겨 먹는 음식으로, 사찰에서는 스님들을 웃게 하는 음식이라 하여 '승소僧笑'라 불리기도 한다.

소면은 중국에서는 처음에 '삭병索餠' 혹은 '삭면索麵'으로 불렸다. 이 이름은 늘여 만든 면이라는 뜻의 '라면拉麵' '도삭면刀削麵'처럼 만드는 방식과 연관된다. 국수류 음식이 일찍부터 발달한 중국에서는 밀가루 면 특유의 쫄깃함을 살리기 위해 다양한 제면 기술이 발전했는데, 그중 마치 새끼 꼬듯 면 반죽을 꼬아 늘려 쫄깃함을 배가시킨 것이 삭병 혹은 삭면으로, 이 기술이 일본으로 전파되어 쇼멘, 곧 소면이 되었다.

조선 정조 때의 문인 이덕무는 "삭병이 곧 소면"(『청장관전서』)이라 말한 바 있다. 음식명에 '꼬다索' '밧줄麥繩'이라는 의미가 들어간 이유는 면 제조법 때문이다. 밀가루에는 쫄깃한 식감의 바탕이 되는 글루텐이 함유돼 있다. 요즘에는 여러 이유로 '글루텐 프리' 음식을 찾는 이가 많지만, 여전히 많은 이들이 쫄깃한 식감 때문에 밀가루 음식을 찾는다. 그러므로 예부터 이 쫄깃함을 극대화시키는 제조법이 궁리되었다. 치댈수록 맛있어지는 밀가루 음식의 특성상, 국수 역시 이 같은 과정이 필수였다. 반죽을 꼬아서 늘렸다가, 물에 담그고 기름을 바르고 그 과정을 여러 차례 반복해 만드는 것이 소면을 만드는 기본 과정이다. 이렇게 만든 국수는 구조가 치밀해 말려도 잘 끊어지지 않았다.

이런 복잡한 제조 과정을 거쳐야 했기에 국수는 누구나 쉽게 접하는 음식이 아니라 귀족 집안이나 사찰에서나 맛볼 수 있었다.

'잔치국수'라는 이름에서 알 수 있듯, 국수는 원래 귀한 잔치에서나 접할 수 있었다. 이제는 누구나 쉽게 접할 수 있는 국수, 그중 부산을 대표했던 구포국수는 아이러니하게도 다양해진 국수 요리 속에서 뜻 있는 몇몇 이들의 노력에 기대어 명맥을 이어가고 있다.

전국에서 손꼽힐 정도의 규모였던 구포시장이 다른 시장에 주도권을 넘겨주면서 구포국수 역시 명성을 잃었다. 구포시장을 중심으로 한 수많은 제분제면 공장들은 개발과 지가 상승으로 타지로 자리를 옮겼다. 하지만 구포역 근처에서는 구포연합식품이 예전의 명성을 잇고자 '구포쫄깃국수'를 비롯한 다양한 국수를 생산하고 있으며, 타지로 옮긴 제면공장들도 유사한 이름으로 갖가지 구포국수를 만들고 있다.

쫄깃함이라면 남부럽지 않은 구포국수로 만든, 부산 사람들이 즐겨 먹는 잔치국수는 진한 국물에 고명으로 정구지(부추)를 올려 식감과 향을 더한다. 서민의 곁으로 온 국수는 예전과 같은 귀함은 잃었으나, 소박하고 근사한 한끼가 되어 우리의 배를 따뜻하게 채워준다.

성옥례 ◆ 한림대학교 중국학과 강의교수
부산대학교 중어중문학과를 졸업하고 동대학원에서 석사학위를, 고려대학교에서 박사학위를 취득했다. 전공은 중국현대문학이다. 역서로는 『무중풍경:중국영화문화 1978~1998』(공역), 『타이완신문학사』(공역) 등이 있다.

간
식

영도 조내기 고구마

~~~~~~~~~~

못생겨도 뼈대 있는 고구마라고!

우리가 먹을 수 있는 수많은 식재료 중에서 고구마만큼 크기와 모양이 제각각인 작물이 있을까? 수확기에 이르러 갈고리로 흙을 파서 캐보면 한 줄기에 이렇게나 많나 싶을 정도로 고구마가 달린 모습을 어렵지 않게 발견할 수 있다. 한 뿌리에 많은 고구마가 달린 것도 놀랍지만, 하나도 같은 모양이 없다는 점이 정말 신기하다. 기다랗고 얄팍한 모양, 통통하고 둥근 모양, 한쪽으로 살짝 휘어진 모양, 새끼손가락만큼이나 작고 앙증맞은 모양, 영글다가 만 쭉정이 같은 모양. 마치 사람의 성격과 개성만큼이나 참으로 다양하다. 이렇게 여러 모양을 한 고구마는 우리나라 어디에서 처음 재배되었을까?

K-고구마의 원조: 영도에서 처음 틔운 싹

고구마가 우리나라에 처음으로 들어와 재배된 곳은 부산 영도에 있는 봉래산 기슭이다. 영도는 부산 남서쪽에 위치한 섬인데, 몇 개의 큰 다리로 육지와 연결돼 있다. 섬 가운데 있는 봉래산은 도교에서 자주 언급되는 신선이 사는 명산 이름을 빌려왔다. 실제로 섬 한가운데 우뚝 솟은 봉우리가 매우 우람한데, 가끔 바다에서 안개가 심하게 몰려오는 날이면 산중턱에 구름이 걸려 있어 멀리서 보면 마치 신선이 사는 궁전 같아 보인다. 신화에 나오는 불사약이 있다는 봉래산이 아마도 이러한 모습이리라.

영도의 여러 동은 신선이나 도교와 연관된 이름을 갖고 있다. 산기슭과 해안 사이에 있는 영선동瀛仙洞은 전설 속의 신산인 영주산瀛洲山과 신선이 합쳐진 명칭이고, 산비탈 바로 아래에 있는 신선동은 봉래산의 기운이 감돈다고 하여 붙여진 이름이다. 산허리를 돌아 살짝 비켜 간 청학동靑鶴洞은 신선들이 푸른 새와 함께 즐겁게 노닐었던 곳이라는 전설 때문에 생겨난 이름이다. 이처럼 신비한 기운이 감도는 이곳 영도에서 처음으로 고구마가 재배되었다.

영도는 사면이 바다로 둘러싸여 있어서 나무보다는 돌이 많았고 물이 없어서 예로부터 사람들이 살기에 적합하지 않았다. 돌과 자갈을 피해서 적은 물로도 자라는 작물을 재배하고자 애썼는데, 그런 점에서 고구마는 이곳에 잘 맞았다. 고구마를 심기 위해 이곳을 경작하려

영도 해안가 언덕에는 좁고 긴 골목이 난 흰여울 문화마을이 있다.

면 큰 노력이 필요했다. 뭍으로 강하게 불어오는 해풍, 시시각각 변하는 날씨, 거세게 몰아치는 파도에 실려온 소금기, 척박하고 메마른 땅. 이 모든 것이 사람이 살기에는 힘들고 어려운 조건이었지만, 고구마는 이런 환경을 잘 극복했다. 한편 영도는 좀체 농사나 경작을 하기가 힘들어 가축을 놓아기르는 곳으로 삼기도 했는데, 특히 뛰어난 말을 사육하는 목장으로 널리 이름을 떨쳤다. 이곳에서 자란 말이 매우 빨라 그림자影가 끊어져絶 보일 정도라는 뜻에서 절영도絶影島라는 명칭이 생겨났다.

그러던 영도에 갑자기 사람들이 몰려들기 시작했다. 한국전쟁 때 수많은 피란민이 안식처를 찾아 이 외로운 섬까지 왔다. 오직 생존을 위해 여기까지 온 사람들. 서로를 의지하며 힘이 되고 위로가 되고자 했던 사람들. 이렇게 봉래산 산비탈에 사람들이 돌담을 병풍 삼아 옹기종기 모여 살았다. 제멋대로 난 골목길이 미로같이 엉켜 있어도 삶의 구역을 용케도 구분 지었다. 이런 거칠고 척박한 환경을 잘 극복할 수 있는 사람과 작물만이 이곳에서 살아갈 수 있었다. 그래서 고구마는 영도에 터를 잡은 사람들과 많이 닮아 있다. 결코 쉽게 지치고 시들지 않는 강인한 품성과, 서로 이웃하며 기쁨과 고통을 함께 나누는 모습이 마치 줄기마다 주렁주렁 달린 고구마와 비슷하다.

봉래산 기슭에 심은 우리나라 최초의 고구마를 '조내기 고구마'라고 한다. 이 고구마는 매서운 해풍에 맞서며 메마른 땅속에 단단하게 뿌리를 내렸다. 모양은 크지 않으며 밤과 비슷한 맛인데, 속이 타박하고 포슬포슬한 맛이 일품이다. 조내기 고구마 외에도 오늘날에는 지역 풍토에 맞게 개량돼 특색 있게 재배한 고구마를 어디서나 맛볼 수 있다. 하지만 고구마라는 작물이 처음에 어떻게 들어오고 어디서 재배되었는지는 잘 알지 못한다. 고구마는 흉년으로 굶주리던 시절을 지나 지금처럼 건강식품으로 자리매김하기까지 수많은 시간을 거쳤다. 고구마는 우리나라 근대사와 떼놓을 수 없는 친근한 작물이다. 오늘날 우리가 알고 있는 고구마는 색이나 모양이 상당히 다채롭지만, 그 시절 처음 접한 고구마는 매우 낯설고 신기했다.

크고 작은 고구마가 달린 고구마 줄기

한편, 봉래산 정상에는 할머니의 구부정한 모습을 닮아 '할매바위' 라고 불리는 봉우리가 있다. 이곳에 삼신할매가 깃들어 있어 온갖 풍파를 견디며 사람들을 평안하게 살아가도록 지켜준다고 한다.

감자가 고구마 되다: 난 감자가 아니야, 고구마라고!

고구마를 이야기할 때면 맞수인 감자가 저절로 떠오른다. 고구마와 감자는 모두 땅속에 뿌리를 뻗고 자라는 식물이다. 근대 시기 기근을 해결할 구황작물로 서민에게 널리 알려졌다. 고구마는 줄기가 땅을 기어가면서 마디마다 땅에 뿌리를 내리는 덩굴식물로 덩이뿌리塊根인 고구마를 맺는다. 모양은 주로 가운데가 불룩하고 양쪽 끝이 좁아지는 타원형 형태다. 고구마는 싹에서 줄기를 키워 땅에 심어 재배한다. 반면 감자는 뿌리를 땅속으로 뻗는 뿌리식물로, 뿌리에서 감자가 여문다. 모양은 겉이 매끄럽고 둥글납작하며, 주로 양끝이 뭉툭하고 가운데가 볼록한 원형 형태를 띤다. 감자의 모든 눈에서 싹을 틔울 수 있어 그 부분을 잘라서 바로 땅속에 심는다.

고구마와 감자는 모양도 크게 다르지 않고 땅속 식물이라는 점이 같아 예로부터 서로 이웃하며 불렀다. 하지만 사실 그 맛과 특성은 매우 다르다. 무엇보다도 가장 큰 차이점은 고구마는 맛이 달고 부드러우며, 감자는 비리고 아린 맛이 난다는 점이다. 고구마는 따뜻한 기후

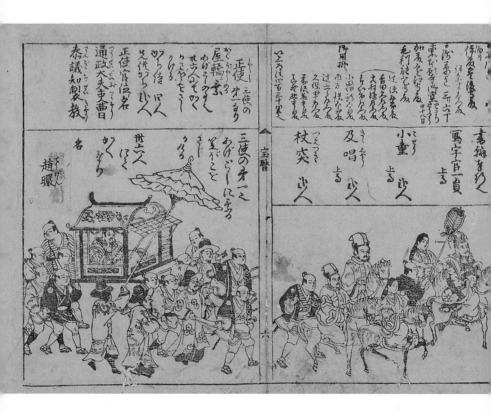

〈조선통신사행렬도〉, 1763, 고판화박물관 소장. 조엄의 행적을 담은 목판본이다.

를 좋아하고 감자는 반대로 찬 기후를 좋아한다. 고구마는 수분과 탄
수화물이 풍부하고, 감자는 전분을 많이 갖고 있다. 고구마는 감자보
다 독성이 덜해 싹이 나더라도 싹을 잘라내고 먹을 수 있고, 익히거나
날것으로 다양하게 저장할 수 있다. 그러나 감자는 그렇게 할 수 없다.
이전에는 고구마를 감자와 분명하게 구별하지 않았는데, 고구마를 단
맛을 가진 '마'라는 의미에서 '감저甘藷', 남쪽에서 왔다고 해서 '남저南
藷' 또는 '남감저南甘藷', 조엄趙曮이 가져 왔다고 해서 '조저趙藷' 등으로
도 불렀다. 우리나라 근대 시기에 감자가 널리 퍼져 고구마의 이름을
대신하기 전까지는 고구마를 감저라고 불렀다.

그렇다면 고구마는 언제 우리나라에 전해졌을까? 고구마가 처음
동아시아에 전해진 시기는 분명하지 않지만, 일반적으로 16세기 스페
인에서 필리핀을 거쳐 동아시아로 전해졌다고 본다. 중국 명나라 말
엽 서광계가 편찬한 농서인 『농정전서農政全書』에 처음 고구마의 기록
이 보인다. 우리나라에서도 『조선왕조실록』에 1663년 한 어민이 표
류하다가 일본에 도착해 고구마를 먹었다는 내용이 있다. 신유한의
일본 견문록인 『해유록海遊錄』에도 고구마 얘기가 나온다. 그러다 우리
나라에 본격적으로 고구마가 들어온 것은 1763년인데, 조선 통신사
조엄이 일본 대마도에서 고구마 종자를 가져와 이듬해 동래부 영도에
서 기르기 시작했다.

조엄이 처음 고구마를 들여왔을 때, 그가 쓴 『해사일기海槎日記』에 다

음과 같이 기록하고 있다.

대마도에는 먹을 수 있는 뿌리가 있는데 이를 '감저' 또는 '효자마孝
子麻'라 한다. 일본식 발음으로는 '고귀위마高貴爲麻'이다.

효자마라고 부른 것은 옛 일본에서 대기근이 일어나자 굶주림에서
벗어나기 위해 마을 젊은이들이 고구마를 재배해서 부모를 봉양하려
했다는 데서 유래한다. 조엄은 백성들이 굶주리는 것을 안타깝게 여
겨 구황작물로 고구마를 눈여겨보았다. 메마르고 척박한 땅에서도 잘
자라고 맛도 좋아서 배고픔을 채우기에 가장 좋은 작물로 여겼다.

감자는 고구마보다 늦게 우리나라에 들어왔는데, 북쪽인 중국에서
들어왔다고 해서 '북감저北甘藷'로 불리었다. 고구마는 처음에는 감자
와 구별 짓기 위해 '남감저'라고 부르다가, 나중에는 감저라는 이름을
감자에 내어주었다. 고구마에 비해 감자는 추운 날씨에도 잘 자라 금
세 전국으로 널리 퍼졌고, 많은 농민이 앞다투어 재배했다. 그래서 감
자는 북쪽에서 온 고구마라는 의미인 북감저에서 점차 감저로 불리면
서 고구마의 원래 이름을 대신하게 되었다.

이런 이름의 변천사는 유럽에서도 비슷한 양상으로 전개됐다. 유럽
인은 처음에는 고구마를 '감자potato'라고 불렀다. 감자가 전해진 다음
에는 감자를 '하얀 감자white potato'라고 부르다가 점차 감자 재배에 성

공하면서 감자는 유럽 전역으로 퍼져나갔다. 그러면서 감자가 고구마의 원래 이름이었던 'potato'를 대신하게 되었다. 대신 고구마는 감자와 구분하기 위해 '달콤한 감자sweet potato'가 되었다. 고구마의 원래 이름인 감저를 감자에 내어준 과정과 사뭇 비슷하다.

우리나라 최초의 고구마인 '조내기 고구마'의 명칭에 관해서는 여러 설이 있다. 먼저, 조엄이 처음으로 가져온 고구마라는 의미에서 조엄의 '조趙', 그 지역에서 태어나고 자라 그 지역 특성을 가진 이를 정겹게 부를 때 어휘 뒤에 쓰는 접미사인 '–내기'가 결합했다고 보는 설이 있다. 조엄이 가져온 고구마를 친근하게 부르기 위해 조내기 고구마라고 한다는 것이다. 다음으로, 조엄이 보내온 고구마 종자를 모내기하듯 심어 재배했다고 해서 그리 부른다고도 한다. 어떤 설이 정확한지 지금으로서는 알 수 없지만, 조내기 고구마라는 명칭은 우리나라에 처음으로 고구마를 들여온 조엄과 관련이 깊고, 친숙한 의미를 붙여 일컬었음이 확실하다. 조내기라는 명칭에서 고구마가 얼마나 당시 사람들에게 고맙고 친밀한 작물인지 미루어 짐작할 수 있다. 봉래산 산기슭에서 처음 재배되었던 고구마는 이후 점차 확대 재배되었고, 고구마 재배를 생업으로 삼았던 사람들이 모여 살았는데, 이곳을 '조내기 마을'이라고 불렀다. 조내기 마을은 지금의 영도 청학동과 동삼동 지역에 걸쳐 있었다.

김동인의 「감자」에는 감자가 없다

고구마는 우리나라에 들어온 이후 사람들이 즐겨 먹는 음식이 되었다. 달곰하게 감치는 맛과 부드럽고 폭신한 식감은 얼마 지나지 않아 사람들의 사랑을 받았다. 게다가 척박하고 메마른 땅에서도 잘 자라고 어떠한 거름을 주지 않아도 크고 튼실한 덩이뿌리가 주렁주렁 열렸다. 재배가 쉽고 다양하게 가공도 할 수 있어서 고구마는 서민의 주요 생존 작물로 자리잡았다. 가난한 사람들 곁에는 언제나 고구마가 있었고, 고구마는 이미 기호 식품의 범위를 넘어 생활을 책임지는 귀중한 식재료가 되었다. 이런 특징은 고구마가 등장하는 문학 작품에서도 어렵지 않게 확인할 수 있다.

김동인이 1925년 『조선문단』 1월호에 발표한 단편소설 「감자」가 그러하다. 제목 '감자'는 '감저', 즉 고구마를 말한다. 이 작품에서 고구마는 생존과 생식을 대표하는 이미지로 그려진다. 고구마는 주인공 복녀가 나락으로 떨어지는 과정에서 가치관의 전환을 보여주는 중요한 소재가 된다.

「감자」는 가난하지만 떳떳하게 살아가고자 하는 복녀가 점차 몰락해가는 이야기를 그렸다. 그녀는 열다섯 살에 돈에 팔려서 나이 많은 남자에게 시집을 가 남편을 대신해 허드렛일을 하면서 겨우 생계를 이어나갔다. 복녀 부부는 칠성문 밖 빈민굴에 정착하지만 그런 곳에서도 복녀는 가난해도 떳떳하게 살아가고자 애썼다. 그 무렵 평양부에서는 빈민굴의 여인을 동원해 기자묘 솔밭에서 송충이를 잡게 했다. 이때 복녀는 우연히 감독에게 몸을 팔고 일을 하지 않고도 돈을 받게 된다. 이때부터 그녀는 매춘이 사람으로 못 할 일이 아니라고 생각하고 점점 더 몸을 파는 일에 빠져든다.

　가을이 되어 빈민굴의 여인들은 칠성문 밖에 있는 중국인의 채소밭에 고구마와 배추를 훔치러 자주 갔다. 복녀도 훔치는 일을 꽤 잘했다. 그러다가 어느 날 밤, 고구마 한 바구니를 도둑질해서 가지고 돌아오려고 할 때, 그만 주인인 왕서방에게 들키고 만다. 복녀는 도둑질을 무마하는 대가로 왕서방에게 몸을 허락한다. 그뒤 남편의 묵인하에 왕서방과의 관계가 계속되면서 그녀는 돈을 벌게 된다. 그러나 그 이듬해 봄이 되어 왕서방이 다른 젊은 여자와 결혼하면서 이야기는 파국으로 치닫는다.

　이 작품은 가난이라는 처절한 환경 속에서 도덕적 가치관이 흔들리며 인간이 어떻게 타락해가는지를 보여준다. 그 속에서 고구마는 저항하기 힘든 타락을 추동하는 데 큰 역할을 한다. 고구마는 사람의 미각 중에서도 가장 쉽게 끌리는 단맛과, 굶주림을 단번에 해결할 수 있는 포만감을 동시에 만족시켜준다. 절박한 생존의 문제 앞에서 정신세계가 황폐해지고 나중에는 고상한 가치관마저 산산이 무너지는 모습을 어떻게 이해해야 할까.

　중국의 문학 작품에서도 고구마는 비슷한 이미지로 그려졌다. 중국의 대표적인 현대 소설가 옌롄커가 쓴 자전적 산문 「땅의 그림자」에서 아버지가 힘들여 개간한 고구마밭 이야기가 나온다.

1960년대 중국 산촌에서 사회주의 인민공사가 들어서면서 모든 토지는 공동으로 소유되고 관리되었다. 하지만 집마다 약간의 자투리땅을 일구는 정도는 암묵적으로 허용되었다. 주인공 집의 자투리땅은 토질이 좋지 않은 황무지였는데 이를 농지로 바꾸기 위해 아버지는 몇 해 동안 농한기마다 온갖 고생을 무릅쓰고 가래질과 곡괭이질을 해 드디어 첫 작물로 고구마를 심었다. 뜨거운 여름에도 아버지는 고구마 줄기가 말라 죽지 않도록 멀리서 물을 길어다가 정성스럽게 물을 주었다. 드디어 그해 가을이 되어 고구마를 수확할 즈음에 모든 사유지는 인정하지 않으므로 인민공사에 귀속시키라는 문건을 받게 된다. 마을 집회장에서 돌아온 아버지는 어두운 얼굴을 하고 아무 말도 없이 슬픈 표정을 지었다. 그리고 땅을 뺏기던 날, 아버지는 첫번째이자 마지막 수확물인 고구마를 캐 왔다.

작가는 진지하고 소박한 감정을 따뜻한 필치로 그려내며 아버지가 몇 년 동안이나 힘들게 일궈온 밭에서 고구마를 가지고 온 모습을 인상 깊게 회고했다. 아버지의 삶에서 가장 순수했고 가장 사랑했던 시간은 바로 고구마를 키운 3년의 세월이었다. 아버지는 단순하고 위대했으며, 땅이라는 큰 공간에서 생명의 열정과 꿈을 펼쳐나갔다. 고구마는 아버지의 삶을 이끌어 나가는 존재의 가치이자 고된 시간을 고스란히 견디게 한 버팀목이었다.

그해 겨울은 따뜻했네

눈이 내리는 겨울이면 하얀 거리에 연기처럼 흩어지는 군고구마 향기가 생각난다.

소리 없이 눈이 내리던 어느 겨울날, 멀리서 앳된 군고구마 장수의 낭랑한 목소리가 울려퍼진다. "군고구마 사요." 싸라기눈이 화로 연통에 닿아 녹을 때마다 구수한 냄새가 한 줄기씩 스멀스멀 올라왔다. 길 가는 사람들은 눈이 내리자 마음이 바빠져 걸음을 재촉한다. 아침 일찍 시장에서 받아온 고구마가 종이 상자 안에서 속절없이 눈을 맞고 있다. 화로 안에 가지런히 들어간 고구마가 잘 구워지고 있는지 확인하려 자꾸만 화로통을 뺐다가 다시 넣는다. "그렇게 하면 골고루 안 익는데이. 진득하게 기둘려." 옆에 서서 가만히 지켜보던 할아버지가 한마디 툭 던지고 지나간다.

대학교 입학시험을 치르고 나서 난생처음으로 하는 부업이었다. 한 친구가 겨울에 군고구마 장사를 하면 큰 벌이가 된다고 했다. 그래서 한 번도 해보지 않은 군고구마 장사를 시작하기로 했다.

고구마 수레 빌리는 곳에서 수레도 빌리고 땔나무도 샀다. 동네 아저씨가 간단하게 고구마 굽는 법을 가르쳐주었다. 다음날 수레를 돌려주기로 하고 아침부터 호기롭게 동삼동 큰길 옆에 자리를 잡았다. 점심때쯤 되자, 같이 장사하기로 한 친구들이 하나둘씩 이런저런 핑계를 대고 집으로 돌아갔다. 결국에는 혼자 남아서 군고구마를 팔기 시작했다. 화로에 넣은 고구마는 오후가 다 되어서야 익었다. 점심시간을 훌쩍 넘기자 하늘이 갑자기 우중충해지더니 눈발이 날리기 시작했다. 고구마는 겉이 바싹하게 익으면서 구수한 냄새를 풍겼다. 이제 고구마를 사라고 외쳐야 하는데, 소리가 자꾸만 목안으로 잠겨들고 밖으로 나오지 않았다. 그렇게 한참이나 씨름하면서 겨우 내뱉은 말, "군고구마 사요". 지나가던 어느 아주머니가 첫 개시로 고구마를 사주었다. 아주머니는 객지에 나가 있는 대학생 아들이 생각난다고, 많이 팔라면서 총총걸음으로 저멀리 사라졌다.

길 가는 사람은 점점 적어지고 하늘을 올려다보니 제법 눈이 굵어졌다. 몇 년 만에 내리는 큰 눈이었다. 금세 날이 어두컴컴해졌고 가마안 고구마는 익다 못해 타는 냄새가 났다. 재빨리 고구마를 꺼내고 생고구마를 넣었다. 팔리지 않는 군고구마를 보면서 점점 우울해졌다. 점점 실패의 조짐이 보였다. 늦은 오후가 되자 어둠이 서서히 내려앉았고, 거리에는 지나가는 사람들도 없었다. 온종일 서 있었더니 배도 고프고 다리도 아팠다.

팔기로 했던 군고구마 중 제일 모난 것을 들어 타버린 껍질을 살며시 벗기고 속살을 한입 베어물었다. 삼킨 뜨거운 군고구마에 목이 멨다. 집을 나서면서 어머니가 보온병에 담아준 물을 마시는 순간, 속이 가까스로 뚫렸다. 그렇게 한참 눈을 맞으며 수레 옆에 우두커니 서 있었다.

　좁은 골목마다 새어나온 불빛은 눈 속에서 희미하게 번져갔다. 그때 누군가가 다가왔다. 고구마 화로통을 자꾸 뺐다 넣었다 하지 말라고 핀잔하던 그 할아버지였다. 얼마큼 달라고 말하지는 않았지만, 종이에 고구마를 가득 싸서 드렸고, 할아버지는 지폐 몇 장을 꺼내 건네주었다. 조금 전까지만 해도 인생의 쓴맛을 다 본 듯했지만, 갑자기 왠지 모르게 세상이 참 아늑하고 편안했다.

　산언덕 돌밭을 이리저리 굴러 메고, 거친 바람을 덤덤히 맞이하며 가쁘게 길러온 고구마는 전국으로 퍼져 한동안 우리의 힘든 시절 먹거리를 책임지고, 오랫동안 굶주림과 절망의 시간을 따뜻하게 다독여주었다.

김명구 ◆ 명지대학교 중어중문학과 교수

부산오뎅

전 세계로 뻗어나가는 부산 먹방의 중심

추운 겨울철 거리를 걷다보면 주황색 천막으로 사방을 막아놓은 포장마차를 흔히 만난다. 언 몸과 손발을 녹이기에 이보다 더 좋은 곳도 없다. 춥고 배고픈 사람들은 바쁜 걸음을 잠시 멈추고 꽁꽁 얼어붙은 몸을 녹이며 잠시 포장마차에서 허기를 달랜다. 먹거리도 즐비하다. 겨울에는 오뎅이 최고의 호황을 누린다. 값싼 종이컵에 오뎅 국물을 가득 퍼담아 꽁꽁 언 두 손으로 종이컵을 감싸쥐고 언 입으로 호호 불어가며 뜨거운 오뎅 국물 한 모금을 삼키노라면 이내 온몸이 노곤해진다. 몇 가지 재료로 국물을 우려낸 사각형 스테인리스 통에는 동그란 오뎅, 직사각형 모양의 오뎅이 칸칸이 나뉘어 빼곡히 담겨 있다. 기다란 꼬챙이에 꽂힌 길쭉하고 동그란 오뎅, 사각형 모양의 납작한 오뎅을 길게 반으로 접어 지그재그로 꽂아놓은 오뎅 중 취향에 따라 하나를 골라 간장에 찍어 먹는 맛은 그야말로 최고다. 서민들의 길거리 음식으로 누구에게나 잘 알려진 오뎅은 그 태생부터 서민적이었을까?

사실 오뎅은 일본 음식의 한 종류인 조리 방법을 의미한다. 한때 오뎅이라고 불러왔던 것을 이제는 어묵이라 부른다. 어묵이라는 명칭은 1986년 식품위생법이 개정되면서 사용하게 된 우리말이다. 어묵은 흰살생선을 잘게 갈아서 조미료를 첨가한 후 밀가루에 뭉쳐 모양을 잡은 후 튀겨낸 음식을 말한다. 생선을 갈아 묵처럼 만들었다고 해서 어묵이라고 했다. 하지만 전통 묵과 어묵의 조리법은 다소 차이가 있는 것도 사실이다. 묵은 도토리, 옥수수, 메밀 같은 전분질의 재료를 끓여내어 모양을 잡아 만든다. 하지만 오뎅을 대체할 만한 우리말 찾기가 쉽지 않았고 차선책으로 어묵이 채택되었다. 생선떡, 생선묵, 고기떡 등으로 다양하게 표현되던 오뎅은 그렇게 하여 최종적으로는 어묵이라는 명칭으로 개정되었다. 그렇다면 우리는 왜 어묵을 오뎅이라 부르게 됐을까? 그 해답은 일본에 있다.

일본에서 '오뎅'은 여러 종류의 어묵을 무, 곤약, 토란뿌리, 감자, 스지(소의 힘줄), 문어, 삶은 달걀 등과 함께 우려낸 국물에 오랫동안 푹 삶아낸 탕 요리이자 어묵 전골을 의미한다. 즉, 어묵이 일부 들어간 국물 요리로서 어묵탕 또는 어묵 찌개라고 할 수 있다. 이 글에서

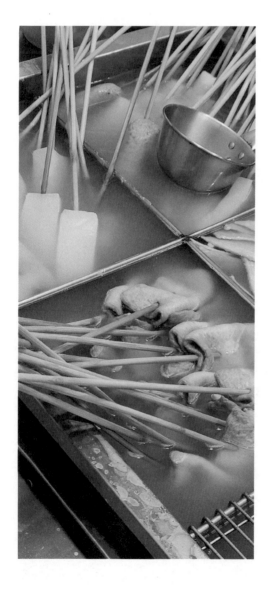

부산오뎅 ⓒ 송주란

는 혼란을 피하기 위해 일본에서 칭하던 어묵탕 요리로서의 '오뎅'을 '오뎅탕'이라고 구별해 칭하겠다. 오뎅의 기원은 일본 무로마치시대 (1336~1573)로 거슬러올라간다. 당시 일본에는 꼬치에 두부를 끼워 그 위에 된장을 발라 구워 먹는 덴가쿠田樂라는 음식이 있었다. 덴가 쿠는 조몬시대(기원전 13000~기원전 300년경) 농경기에 무녀가 공연 하는 모습을 빗대어 만든 야채 꼬치에서 비롯되었다. 무당이 외다리 나 외줄을 타거나 사다리를 이용해 춤추는 모습이 마치 대나무 꼬치 를 꽂은 모습과 흡사하여 이 모습을 모방해 덴가쿠를 만들었는데 이 를 통해 풍년을 기원했다. 왕실 여성들은 덴가쿠를 오뎅御田이라 축약 해서 부르기도 했는데, 오뎅이라는 말이 여기서 비롯됐다. 오뎅탕은 두부, 곤약, 생선 등의 재료를 꼬챙이에 끼워 된장을 발라 굽거나 조리 는 음식에서 출발했다. 18세기 에도시대에 접어들면서 오뎅탕은 서민 사이에서 급속히 대중화된다. 주된 이유는 간장의 보급과 가마보코의 유행 덕분이었다. 이후 오뎅탕은 일본에서 요리로, 술안주로 대중의 인기를 끌기 시작한다.

일본 오뎅의 한반도 진출

1876년 부산항이 개항되자 수많은 일본인과 일본의 다양한 문화가 한반도에 유입됐다. 가마보코와 오뎅탕도 예외가 아니었다. 일본인이 즐겨 먹던 가마보코는 한반도에서도 급속히 퍼져나갔다. 생선을 으깨서 조미료를 더해 모양을 잡아 기름에 튀겨낸 가마보코는 배고픈 서민의 식욕을 자극하기에 충분했다. 가마보코는 일본식 어묵으로 이 가마보코의 인기는 지역과 시대를 초월했다. 그렇다면 가마보코와 함께 한반도에 착륙한 오뎅탕은 어떻게 됐을까? 당시 오뎅탕은 일본인이 운영하는 일본식 요릿집의 일품요리였고 이후 1930년대 들어 점차 대중화되면서 술안주로 자리매김한다. 오뎅탕은 일제강점기를 지나 광복 이후에 지역화, 대중화 과정을 거쳐 우리의 식문화에 깊이 자리잡기 시작한다. 당시 오뎅탕의 주재료는 곤약과 두부였고, 가마보코는 부재료에 지나지 않았다. 하지만 1960년대부터는 가마보코가 오뎅탕의 주재료로 등극한다. 이때부터 한국 사람들은 오뎅탕의 주재료인 가마보코(어묵)를 아예 오뎅이라 부르기 시작했다. 오뎅에는 이제 어묵이란 이름을 붙여주었지만 워낙 대중적으로 널리 사용됐기에 현재까지도 다수가 사용하는 명칭이 되었다. 그렇다면 일본 어묵은 가마보코가 전부일까? 그렇지는 않다.

일본의 어묵은 네리모노라 총칭한다. 일본의 고훈시대(3세기 중반~7세기 말) 때 생선살을 나무 막대기에 붙여 불에 구워 먹던 것에서 유래한다. 이후 조리 방법에 따라 쪄서 먹는 것은 가마보코, 구워 먹는 것은 치쿠와, 튀겨 먹는 것은 덴푸라로 불렀다. 대략 1000년 전 일본의 헤이안시대(794~1185) 문헌에 가마보코라는 기록이 보인다. 당시 가마보코는 영주들을 치하하는 잔칫상에 올렸다. 연못이나 강에서 잡은 민물고기의 살만 발라내 다진 후 대나무에 반죽을 붙이고 불을 지펴 구웠다. 그 모양이 강에서 자라는 부들의 이삭을 닮았다고 하여 가마보코(부들꽃 이삭)라 불렀다. 이후 반달 모양의 또다른 가마보코라는 음식이 등장한다. 그후로 첫번째 가마보코와 두번째 등장한 가마보코를 구분하기 위해서 부들을 닮은 기존의 가마보코를 대나무를 닮았다 하여 치쿠와竹輪라 불렀다. 이후 에도시대에는 생선살을 쪄서 조리하는 방식으로 정착된다.

새벽 배송: 다라이에 이고 팔던 부산어묵

오뎅은 부산을 대표하는 음식의 하나로 자리매김했다. 부산어묵, 하면 누구나 '뜨끈한 국물과 함께 먹는 겨울철 주전부리 음식'을 떠올린다. 비록 일본에서 건너왔으나 지금의 부산어묵은 말 그대로 부산의 어묵이다. 특정 음식이 본국을 떠나 다른 국가에 정착하는 순간 그 음식은 정착지 문화와 사람들의 식습관에 따라 변화를 거듭한다. 부산어묵 또한 예외는 아니었다. 일제강점기 때 부산에는 수산물의 가공, 판매, 보관 등과 관련된 회사와 조합, 단체가 많이 들어섰다. 거기다 일본인 수요로 수산업이 활기를 띠면서 영도와 부평동 일대에 어묵 공장이 대거 설립된다. 이후 '부산어묵'이라는 식품 브랜드까지 생겨나면서

부산어묵 ⓒ 송주란

어묵은 부산의 음식으로 자리잡았다.

1970년대 부산어묵은 단백질이 풍부한 영양식으로 인식됐고, 학생들의 도시락 반찬으로 애용했다. 점심시간이면 어묵 반찬이 있느냐 없느냐로 도시락의 인기가 좌우되기도 했다. 어렵던 시절에 어묵은 부의 상징이었다. 그러다 1980년대에 와서 각 가정의 경제 수준이 크게 향상되면서 어묵은 누구나 손쉽게 먹을 수 있는 도시락 반찬의 대명사로 자리매김한다. 당시 시내 골목에는 포장마차가 즐비했고 어묵은 가장 손쉽게 먹을 수 있는 값싼 안주였다. 그 시절, 부산에서는 두부 장수, 재첩 장수와 더불어 어묵 장수도 꽤 인기를 누렸다. 새벽 4시가 되면 상인들은 직접 어묵을 사기 위해 부산의 어묵 공장으로 몰려왔고, 아주머니들은 어묵을 다라이(대야)에 받아 머리에 이고서는 "오뎅 사이소, 오뎅~"이라고 외치며 골목을 누비고 다녔다. 지금의 '새벽 문 앞 배송'이 이미 1970~1980년대 부산 골목에서 앞다투어 성행했다.

1970년대부터 어묵의 수요가 급증하면서 어묵은 대중화되었다. 서울 뒷골목에 포장마차가 생기면서 부산어묵은 전국에 알려지기 시작했다. 부산은 이미 한국의 제2의 도시라는 지명도가 있었고, 거기다 가장 큰 수산시장과 공동어시장이 부산에 있다는 이유로 부산에서 생산된 어묵에 대한 믿음도 더불어 상승했다. 부산에서 가공 공장도 활발하게 운영되었고 일본에서 어묵 기술을 배워 온 기술자도 상대적으로 많았다. 현재 한국에서 생산되고 있는 어묵의 40퍼센트 이상이 부산에서 나온다. 이런 이유로 현재 부산을 찾는 여행자들 사이에서는 부산에서 반드시 먹고 가야 할 필수 음식으로 부산어묵이 빠지지 않는다.

왕의 음식

어묵이라는 말이 문헌에서 가장 먼저 등장한 건 언제였을까? 중국 진시황 때다. 진시황은 중국 최초의 봉건제 황제였고 폭군이었다. 전해오는 설에 의하면 진시황은 생선을 무척 좋아했다. 하지만 생선 가시가 늘 골칫거리였다. 가시가 황제의 목에 걸리는 날이면 그날로 궁중 요리사는 참형에 처해지는 벌을 받았고, 이로 인해 많은 요리사가 목숨을 잃었다. 그리하여 우여곡절 끝에 생선의 가시를 제거한 어묵이 등장한다. 이후 중국에서는 어묵을 '위완魚丸' 또는 '생선 포육魚包肉'이라고도 하고 '물 완자水丸' 또는 '삶은 어묵烹鱼丸' '위촨魚烹' '위웬魚圓' '위단魚蛋' 등으로 부른다. 진시황 때문에 만들어진 위완은 중국의 푸저우, 푸젠성, 광저우, 장시성, 타이완 일대에서 한족들이 즐겨 먹는 전통 간식거리로 변모되어 오늘날까지 이어진다. 특히 후베이와 저장성 두 지역은 위완의 양대 시작점이라 할 수 있다. 이후 점차 남하해 진정한 위완으로 회자되는 푸저우 위완과 타이완 위완까지 지경을 넓혀나갔다.

중국과 마찬가지로 한국에서도 어묵은 궁중 음식부터 시작되었다. 조선시대 숙종 45년(1719)에 조리서 『진연의궤』(1719)에 '생선 숙편'이라는 어휘가 등장한다. 이후 생선 숙편은 『진찬의궤』(1829), 『진연의궤』(1901) 등에 '생선 문주'라는 명칭으로 변모되어 나타난다. 숙종은 찬바람만 불면 감기에 걸리는 약골이었다. 산책할 때도 조심해야 했고, 입이 짧고 비실비실한 편이었다. 유일하게 좋아하는 음식이 생선이었다. 그런데 진시황과 마찬가지로 생선 가시가 골칫거리였다. 이에 궁중 요리사들이 숙종을 위해 고안해낸 음식이 생선 숙편, 즉 오늘날의 어묵이었다. 숙종 이후로 어묵은 서민에게도 널리 알려진다. 궁중 요리가 서민의 식문화로 스며든 것이다.

일본 어묵 역시 궁중에서 출발했다. 일본은 약 1200년(675~1872) 동안 고기를 못 먹던 시기가 있었다. 육식을 금지했기 때문이다. 불교에서 살생을 금지한다는 이유를 들어 덴무 천황이 675년 육식 금지령을 내렸다. 하지만 모든 육류를 그 대상으로 삼지는 않았고 소, 말, 닭, 개, 원숭이의 육식만 금지했다. 육식 금지령은, 표면적으로는 종교적인 이유를 들었지만 사실 신분의 차이를 확고하게 다지기 위한 방책이었다는 설도 전한다. 이후 17, 18세기 무렵부터 육류를 대체해서 생선을 구워 먹은 것이 일본 어묵의 기원이다. 당시 어묵은 상류층 사람들이 즐길 수 있는 고급 음식으로 인식되었다.

어묵의 메카, 부산

한국의 생선 숙편, 일본의 가마보코, 중국의 위완은 모두 생선살을 발라 으깨어 모양을 만든 후 익혀 먹었다는 공통점을 갖는다. 이는 특정 시대나 특정 민족의 전유물이라기보다는 생선을 섭취하는 보편적인 방식이었다. 한·중·일 3국의 어묵은 주재료와 조리 방법이 비슷한 형태로 시작됐지만 각 나라의 문화와 식습관에 따라, 또는 지역 특성에 따라 점차 다른 형태, 다른 맛으로 변모되어 현재는 각 지역의 고유한 음식으로 자리매김했다.

부산어묵은 부산이라는 특수한 지역에서 부산의 풍토와 관습, 식습관에 의해 선택적으로 수용되고 현지화를 거쳐 대중화되었다.

해방 이후 부산어묵은 굽거나 찐 어묵 대신 튀긴 어묵이 대세를 이루었다. 이러한 이유로 한때 어묵을 덴푸라라고 부르기도 했다. 어묵을 먹는 방법도 일본과는 달랐다. 일본의 가마보코가 날것 그대로 먹는 하나의 완제품이라면 한국 어묵은 조림이나 볶음 등 조리해서 먹는 식재료 또는 부재료라는 인식이 강하다. 어묵 고추장무침, 어묵탕, 어묵 잡채, 어묵 수제비, 해물 어묵찜, 김밥, 떡볶이 등 다양한 조리법에 응용된다. 국물에 익혀 먹는 방식도 일본과는 차이가 있다. 한국의 어묵탕은 국물의 양을 많이 잡아 어묵에서 우러나온 맛이 국물 맛을 돋우게 한다. 그래서 건더기 못지않게 국물을 좋아하고 즐겨 마신다. 반면 일본에서는 오뎅 국물의 맛 성분이 어묵인 가마보코에 스며든다고 생각해서 약한 불에 오랜 시간 끓여 가마보코의 맛을 한층 돋보이게 한다. 일본인은 건더기를 주로 먹고 국물은 거의 먹지 않기 때문이다. 이처럼 한국의 어묵과 일본의 가마보코는 유사해 보이지만 서로 다른 음식으로 발전했다.

현재 부산어묵은 동남아시아 국가뿐만 아니라 말레이시아, 인도네시아, 방글라데시, 브루나이 등 이슬람 문화권까지 시장을 확대하고자 한다. 100년의 역사를 가진 부산어묵은 새롭게 거듭나고 있다. 간식, 술안주와 반찬에서 시작했던 어묵을 2012년부터 베이커리형 어묵과 어묵 고로케 등 다양한 형태로 고급화해 새로운 맛과 제품을 선보이고 있다. 내일의 어묵은 어떤 모습일지 궁금해진다.

송주란 ◆ 부산대학교 중어중문학과 강의교수

부산대학교 중어중문학과에서 석사학위와 박사학위를 받았다. 전공은 중국 현대
문학이다. 주요 관심 분야는 홍콩문학과 홍콩 문화이며, 최근에는 화인화문문학과
타이완문학에 관한 연구를 진행하고 있다. 역서로 『포스트식민 음식과 사랑』(공
역), 『양팔 저울』 등이 있다.

눈으로 먹는 반투명 빛의 과자

양갱

연양갱의 시초는 의견이 분분하여 정설이라고 할 수 있는 것이 없다. 그러나 가장 널리 알려진 것은 일본의 찐 과자 무시요캉蒸羊羹이 변형 됐다고 보는 관점이다. 무시요캉은 당분이 적어 변질되기 쉬웠다. 그래서 설탕을 많이 넣어 저장성을 높인 연양갱이 1800년대 중반 이후 부터 대세가 되었다.

이처럼 연양갱에서 중요한 요소는 설탕이다. 설탕은 어떻게 해서 오늘날 우리 음식에 흔히 쓰이게 됐을까.

양갱의 단맛

설탕을 얻으려면 사탕수수에서 짜낸 즙을 결정화시켜야 한다. 그러나 과당 자체가 흡습성이 있고 열을 가하여 졸이면 졸일수록 즙액에 포함된 단백질성 콜로이드colloid가 캐러멜화하여 바로 하얀 설탕이 되지 못한다. 이렇게 끓인 즙의 수분을 증발시키면 암갈색의 결정 덩어리가 되는데 이를 '함밀당含蜜糖'이라고 부른다.

현재의 뉴기니섬에서 기원한 사탕수수가 인도 북쪽으로 전파된 후, 함밀당 추출 기술이 인류사 최초로 등장했다. 거무스름한 모래 알갱이처럼 보이는 결정이 '자갈'처럼 부서졌기 때문에, 산스크리트어로 자갈을 의미하는 '칸다khanda'라고 불렸다. 이것이 바로 캔디candy의 어원이다. 사탕을 한자로 표기할 때 '모래 사沙' '자갈 사砂'를 쓰는 것도 이러한 유래와 무관하지 않다.

아시아에서는 중국이 가장 먼저 함밀당을 추출하는 방법을 전수받았다. 남송시대 홍매洪邁의 『용재오필容齋五筆』에 의하면, 당 태종이 마가다국(현재 인도 비하르주 동북부에 위치했던 기원전 6~1세기 고대 왕국의 통칭)에 당을 졸이는 법을 배워오라고 사신을 파견했다고 한다. 송대부터는 하얀 설탕이 등장하기 시작했으며, 황실을 넘어 사대부층까지 설탕을 향유했다. 청대에 이르면, 사탕수수가 재배되는 남쪽 푸젠에서부터 북쪽 베이징의 노점상 음식에까지 사용될 정도로 설탕은 대중적인 식재료가 되었다. 한반도는 사탕수수를 재배할 수 있는 기후도 아니었기에 중국을 통해 들여온 함밀당과 백설탕은 사치품으로 분류돼 왕실 제례용·의례용·약재용으로 한정적으로만 사용했다.

그렇다면 대다수 한반도인은 단맛을 어떻게 향유했을까? 계절별로 수확된 과일을 제외하고, 한반도에서는 벼농사가 정착된 이래 곡물당을 통해 단맛을 향유했다. 쌀을 엿기름에 삭혀 짜낸 단물을 바짝 졸이면 조청이 되고, 조청에서 수분 함량을 10퍼센트로 하여 굳히면 엿이 된다. 설탕처럼 정제하는 과정이 없기 때문에 점성을 띤 투명한 갈색이다. 약과·유과 등이 바사삭 부서지지 않고 이에 달라붙지 않을 정도로 쫀득하면서 달콤한 맛을 내는 것은, 쌀에서 얻은 곡물당 때문이다. 곡물당인 조청의 당도는 암갈색을 띠는 함밀당의 3분의 1 정도다.

설탕이 한반도의 전 계층에게 식재료로 알려진 것은 일제강점기 때 일본의 제과기술이 들어오면서부터다. 그래서 일본 과자의 역사부터 알 필요가 있다. 일본에 단맛을 처음 전한 이는 754년 일본에서 당나라로 파견한 견당사遣唐使와 함께 귀국한 당나라 승려 감진이다. 일본으로 들어올 때 '당흑唐黑'이라 불렸던 함밀당은 상류층의 답례품이나 감기약으로만 쓰였다. 그러다가 무로마치시대에 차 문화가 대중화될 무렵, 포르투갈의 무역 상단을 통해 하얀 설탕이 든 음식이 유입됐다. 그렇게 쓴 차에 곁들이는 달콤한 '와가시和菓子'가 발전했다. 막부 시대 때 '별사탕'으로 알려진 콘페이토confeito와 카스텔라castella, 캐러멜(카루메이라浮名糖) 같은 서양 디저트가 일본으로 유입됐다.

앙금 재료에 따라 다른 빛깔을 내는 연양갱 ⓒ고운선

통상 한국의 전통요리 연구가들은 한과를 표기할 때 '과일 과果'를 사용한다. 국립국어원 표준국어대사전에는 '한과漢菓'로 등재되어 있으나 이와는 다르다. 한과漢菓는 밀가루를 꿀이나 설탕에 반죽해 기름에 튀겨내는 중국에서 유입된 유밀과油蜜果를 지칭하는데, 알다시피 조선 말까지 밀가루는 왕실에서조차 흔치 않은 식재료였다. 식용유 또한 한국전쟁 이후 미국의 구호 물자를 통해 보편화되었으니, 전통적인 유밀과는 찹쌀가루로 빚어 최대한 적은 기름을 사용해 구워낸 다음 꿀·조청을 발라 굳힌 것이라 할 수 있다. 한과를 표기할 때 과일 과果 자를 사용하는 이유는, 설날이 있는 한겨울에는 과일이 나지 않아서 '과일을 대체'하여 각종 재료에 꿀과 조청을 두른 음식을 조상신께 진상했기 때문이다. 그러므로 '풀 초'가 붙은 '과자菓子'라는 단어는, 중국의 다양한 간편식點心을 다식으로 발전시킨 일본의 와가시에 기원을 두고 있다.

그리고 와가시 중에 일본어로 '텐구사天草' 또는 '코코로후토心太'라 불리는 우뭇가사리를 주재료로 사용하는 연양갱이 있다. 이렇게 연양갱은 일본을 통해 한국으로 건너왔다.

우뭇가사리, 우무, 한천

연양갱의 주재료인 우뭇가사리에 대해 알아보자. 우뭇가사리는 바다

밑 20~30미터 깊이의 바위에 붙어사는 홍조류의 일종이다. 5~10월에 걸쳐 채취해 맹물로 여러 번 씻어 소금기를 뺀 다음, 바닷가에 널어 본래의 붉은색이 바랠 때까지 말린다. 이것을 솥에 넣고 눅진눅진해질 때까지 한참을 진득하게 휘저어가며 고아서 이물질을 걸러낸 후틀에 부어 식히면 묵 형태의 '우무'가 된다. 일본에서는 고대부터 무더위를 식히기 위해 우무를 먹었다고 하는데, 이 우무를 습도와 기온이 낮고 통풍이 잘 되는 곳에서 건조시킨 것을 한천寒天이라고 부른다.

한천의 유래에 관해서는 정확한 문헌 기록은 없지만, 도쿠가와 4대 막부 시절 어느 겨울날, 현재의 교토 후시미 오카고초에 있는 여관 미노야美濃屋의 주인이 참근參勤(제후가 자기 영토를 떠나 에도, 곧 지금의 도쿄로 가서 일정 기간 머무는 것)하러 가다가 여관에 머물게 된 사쓰마 번주를 대접하다가 우연히 발견했다고 구전된다. 여관 주인이 사쓰마 번주에게 대접하고 남은 우무를 한겨울 문밖에 내놓았는데 이것이 얼고 녹기를 여러 날 되풀이하며 바싹 말라버렸다. 이를 뒤늦게 발견하고서 다시 물에 삶아 묵으로 복구시켜보았더니 처음 만들었을 때보다 더 투명해지고 해초 냄새가 거의 나지 않는다는 장점을 발견했다.

우뭇가사리는 식이섬유가 많기 때문에 열을 가하여 끈적한 액체 상태가 되면, 원래 양의 250배에 달하는 물을 흡수한다. 이렇게 끓인 우뭇가사리는 섭씨 30도 이하로 온도가 내려가면 저절로 응고되는데, 반들반들 매끈하고, 단단하면서도 탱글탱글하여 각종 음식, 과자, 아이스크림의 응고제로 쓰인다.

덕분에 양갱은 아름다운 외양을 언제 어디서나 눈으로도 감상하기 쉬운 디저트다. 화려하게 장식할 수 있지만 온도가 조금만 높아져도 금방 모양이 무너지는 서양의 크림과 달리, 우무로 만든 연양갱은 한 입 베어무는 순간에도 그 탄력이 상쇄되지 않는다. 와가시의 핵심은 각종 앙금에 있는데, 연양갱의 핵심 재료인 한천과 설탕 모두 다양한 식재료 고유의 색을 크게 해치지 않는다. 햇빛을 받으면 오히려 각종 재료의 빛깔이 영롱하게 빛난다.

강제 개항 이후, 과자의 역사

서양인 선교사·외교관·기자들은 설탕 보급을 문명화의 척도로 생각 했기에 강제 개항 이후 조선 왕실에서는 설탕을 사치품으로 금한 이 전과 달리 '설탕을 넣은 차, 과자, 사탕, 초콜릿'을 다과상에 올리며 조 선이 근대 문화에 익숙한 국가임을 보여주려 했다.

한편 1895년 청일전쟁 이후 '중국(상하이·홍콩)-조선-일본-블라디 보스토크'를 잇는 동북아시아 화물 네트워크가 형성된다. 또한 15세 기 중반 원심분리기가 발명되면서 생산 단가가 파격적으로 낮아져 서 구의 설탕산업이 성장해간다. 이에 1890년 이전까지 세계 최대 설탕 수출국이었던 중국이 순수입국으로 전락할 정도였다. 이에 동아시아 설탕 무역을 전담했던 홈 링거 양행Holme, Ringer & Co.(1861년 나가사키에서 창립)은 인천에 이어 부산에도 지점을 열었다. 인천과 부산은 동북아 화물 네트워크를 잇는 무역 기지이자 조선 유통망에 침투하는 거점지가 되었다. 1904년 러일전쟁을 계기로 한반도 설탕무역 주도권이 일본으로 넘어갔는데 단순히 무역로와 무역상만이 아니라 제품도 바뀌었다. 1900년대 초 한국으로 진출한 일본제당회사는 부산·서울·인천에 지점을 두고, 1920년대 중반까지 한반도 전체 설탕 소비량의 90퍼센트 이상을 독점했다. 그러나 초창기만 해도 주요 설탕 소비자는 조선인이 아니라 한반도로 이주한 일본인이었다.

일본 정부와 경제단체는 한반도로 진출하는 (영세한) 이민자에게 '과자상'을 유망 업종으로 추천했다. 한국이 전통적으로 설탕 음식 문화가 발달하지 않았다는 점에 착안해, 적은 비용으로도 창업이 가능한 과자점을 열면 손쉽게 고수익을 올릴 수 있을 것이라고 예상했기 때문이다. 초기에는 부패와 운송 문제로 완제품인 과자를 일본에서 수입하지 않고 즉석에서 만들어 팔았다. 하지만 1910년대까지 재조일본인이 만든 과자는 밀가루에 설탕을 넣고 반죽해서 굽는 수준에 불과할 정도로 단순해, 일본인 과자상들은 가게를 유지하기 위해 잡화점을 겸해야 했다.

그러다가 1910년 한일병합조약으로 한반도가 일본의 통치하에 놓이면서, 일본에 있던 제과회사가 조선으로 진출했다. 이후 조선인들은 일본 제과기술을 어깨 너머로 배워, 1920년대에는 '일본 제과회사-재조 일본인 회사-재조 일본인 제과점-조선인 제과점-(조선인) 과자 소매상-(조선인) 행상' 순으로 서열화되었다. 한국인이 비스킷·초콜릿 같은 서양과자보다 일본의 제과기술을 좀더 빨리 익힌 이유는, 서양과자의 경우 우유·연유·버터와 같은 유제품, 계란, 유지를 공급할 수 있는 대자본과 높은 기술이 필요했기 때문이다. 하지만 일본 과자의 경우 가내공업 또는 소자본으로 창업이 가능했으며, 설탕이 낯설뿐 곡물당·엿, 밀가루를 포함한 곡물가루, 땅콩·호두 같은 견과류는 조선인에게도 익숙한 식재료였다.

여러 가지 일본식 디저트 중에서도 양갱은 그다지 대중적인 품목은 아니었다. 연양갱은 당시 일본에서도 중산층 정도는 되어야 향유할 정도로 가격이 비쌌다. 오늘날 우리가 일정 수준 이상의 맛을 유지하면서도 대량 생산되어 저렴한 연양갱을 즐기게 된 데에는 일본 제과기술을 습득한 한국 최초의 현대식 제과회사인 해태제과의 공이 크다. 해태제과의 창업주 민후식은 대학 졸업 후 일본제과회사 글리코의 영업부에서 15년 이상 근무했다. 1945년 그의 나이 40세 때 해방이 되자 민후식은 일본이 버리고 간 용산구 남영동 소재 나가오카永剛제과를 인수해 해태제과를 설립한다. 공동 창업자 세 사람도 해방 전 나가오카제과에서 사무직원 및 제과기술자로 일한 경력이 있었다. 해태제과가 인수한 나가오카제과가 1909년 연양갱 단일품목으로 제과업을 시

작했으니, 일본 제과기술이 한국 과자에 끼친 영향은 깊다. 해태제과
는 2004년 크라운제과주식회사로 인수되었지만, 상징적 의미가 크기
에 '해태제과'라는 상표는 그대로 유지중이다.

밀양 한천 공장

여름에 콩국수만 접하면서 자란 서울·경기권 사람들은 여름철 별미인
우무를 넣은 콩국이 낯설 것이다. 왜 부산과 목포, 제주도 같은 남쪽
사람들에게는 우무가 더 익숙할까?

　1889년 조일통어장정이 체결되면서 일본어업자의 합법적인 조선
진출이 가능해졌다. 하지만 그전부터 불법적으로 조업한 한국 수산물
의 중국 판매로 높은 이윤을 얻자, 조선총독부 식산국은 상품적 가치
가 매우 높았던 우뭇가사리를 주력 수출품목으로 지정했다. 우뭇가사
리는 인간이 채취해야 한다. 당시 우뭇가사리 채취를 담당한 이들은
제주도 해녀들이었다. 해산물을 채취할 수 있는 곳으로 이동해야 했
던 해녀들은 일본인 객주에 고용되어 울산, 부산, 통영, 거제 바다에서
활동했다. 특히 거제·통영은 제주도와 가까울 뿐 아니라 우뭇가사리
를 포함한 해조류 채취량이 가장 많은 지역이다.

　한편 수산물 가공공장은 대부분 바다와 가깝고 도시가 형성돼 있는
부산에 집중되었는데, 특이하게도 한천공장은 산간 지역에 있다. 이

가을 추수가 끝난 빈 논에 대나무를 엮어 세운 한천 건조장. 밀양한천박물관 소장.
밀양 산내면에 위치한 한천 건조장은 축구장 20개 넓이다. 11월~2월 사이 100명이 넘는 사람이 이곳에서 우무의 동결과 융해 작업을 반복한다.

는 우무를 건조하는 과정, 즉 동결·융해가 반복되어야 하는 기후·지형 등 자연 조건이 적합해야 하기 때문이다. 내륙 지역인 밀양은 동·북·서 삼면이 산으로 둘러싸여 있다. 남쪽에는 낙동강이 흐르지만, 여기저기 솟은 산이 삼면을 둘러싸고 곳곳에 분지를 이룬다. 이런 지형 때문에 밀양은 유난히 여름 기온이 높다. 또한 겨울날 밤에는 영하 5~10도, 낮에는 5~10도를 유지해 동결과 융해에 적합한 일교차인데다가 눈비가 적어서, 벼농사를 끝내고 쉬는 논에 한천을 펼쳐놓고 자연풍을 맞이하기에 딱 적합하다.

당시 한천은 수출 산업에서 중요한 위치를 차지했기 때문에 조선인은 한천공장 설립 허가를 받기 어려웠지만, 1941년 김성률이 경남 양산군 명곡리에 명곡 한천공장을 세우면서 한국인에 의한 한천 산업이 본격적으로 시작되었다. 일제강점기에 들어선 밀양 한천공장은 노동 집약적 형태의 한천 산업이 사양길에 접어든 1980~1990년대에도 살아남아 현재까지 한국 한천 산업의 명맥을 유지한다는 점에서 그 의의가 적지 않다. 밀양 한천공장에서 생산된 한천은 80퍼센트가 일본 나가노와 기후 지방으로 수출되고, 나머지는 주로 국내 식품회사로 가서 양갱, 젤리, 푸딩으로 제조되어 우리 곁에 있다. 달콤한 영양갱을 한입 맛보기까지 설탕과 한천은 꽤 먼 길을 거쳐온 셈이다.

고운선 ◆ 고려대학교 교양교육원 강의교수
부산대학교 한문학과를 졸업하고 중어중문학과에서 석사학위를, 고려대학교 중어중문학과에서 박사학위를 받았다. 중국현대문학, 타이완문학, 동남아시아 화문문학을 연구한다. 20세기 초반 동서양 지식 교류의 역사 및 세계사적 지식 담론의 보급과 유통에 관심이 있다. 역서로『원향인』『혼수로 받은 수레』『타이완신문학사』(공역) 등이 있다.

안주

동래파전

기호에 따라 '정구지 찌짐' 가능

장 보는 것은 둘째 치고, 파전 먹는 재미로 동래장에 간다.

부산에서 전해 내려오는 말이다.

육지와 바다에서 나는 다양한 식재료는 파전으로 어우러진다. 부산의 특산물을 활용한 파전은 예로부터 동래파전이라는 이름으로 임금께 진상되기까지 했던 음식이다.

어우렁더우렁 어우러짐의 미학

조선시대에는 이미 가정에서도 흔히 먹던 음식으로 꼽히는 음식이 파

튀김처럼 바삭하게 구워낸 파전 ⓒ고혜림

전이다. 특히 동래파전은 조선시대 동래부사가 삼짇날 임금께 진상한 음식으로 구전된다(김정희, '동래할매파전' 대표, 부산시). 또 숙종 33년(1707) 산성의 중성中城 축성 때 부역꾼의 새참 음식으로 먹었다는 설명(김영복, 전통향토음식연구가, 창원시)도 있다. 다만 사용된 식재료의 다양함과 음식 형태로 보아 이 전통 음식은 신분 낮은 자의 노동 음식이기보다는 임금의 진상 음식으로, 또 상류층의 음식으로 전승되어왔다고 보는 편이 더 설득력 있다.

한국의 파전처럼 중국에도 전 요리와 조리법이 유사한 젠빙煎餠 같은 음식이 있고, 일본에는 한국에서 전파됐다고 알려진 오코노미야키 같은 요리가 있다.

바다, 강, 평야, 산에 둘러싸인 자연환경과 사계절 신선한 해산물을 맛볼 수 있는 부산에서, 각종 요리의 기본 재료로 해산물이 빠질 수 없는 노릇이다. 파전에는 대합, 홍합, 새우, 오징어, 굴, 조개, 소고기 등이 몽땅 함께 올라가서 하나로 연결된다. 멥쌀과 찹쌀 반죽 위에 재료를 올리고, 마지막에 계란물을 얹어서 노릇노릇하게 익혀내는 과정을 거친다. 말하자면 파전은 육해공 모두 총출동한 음식이다.

향토색을 닮은 파전의 색채

초장과 파전 ⓒ고혜림

파전이라고 하면 아무래도 동래파전이다. 동래의 역사는 길다. 신라 경덕왕(757) 때부터 거칠산국을 동래군으로 개명해 '동래'라는 명칭이 존재했다.

파전에 대한 역사적인 기록은 근대음식문헌인 『조선요리제법』(1917)과 『간편조선요리제법』(1934)

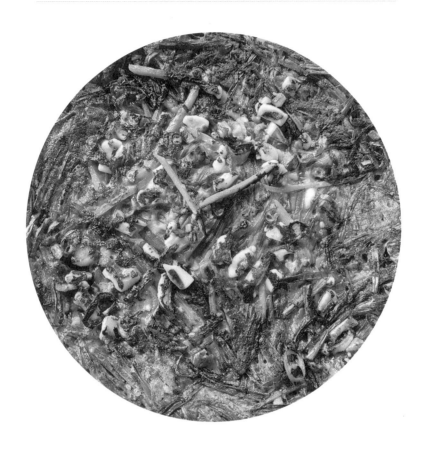

금정산성의 해물 부추전. 부산에서는 흔히 '해물 정구지 찌짐'이라고 부른다. ⓒ고혜림

등에 '파초대'라고 등장한 것이 있다. 그런데 조선 후기『증보산림경제
增補山林經濟』(1766), 『규합총서閨合叢書』(1815), 『시의전서是議全書』(1800
년대 말) 등 고문헌에 전煎 음식이 본격적으로 소개되는 기록까지 종합
하면, 파전은 적어도 19세기 또는 그 이전부터 만들어 먹던 음식이었
음을 추정할 수 있다.

보통 전류는 간장에 찍어 먹는데 동래파전은 초장에 찍어 먹는다.
회도 초장에 찍어 먹듯이, 파전에 들어간 다양한 해산물이 초장과 어
우러져서 더 깊은 풍미를 이끌어낸다. 나 역시 어릴 때부터 파전, 부추
전, 방아전 등을 초장에 즐겨 찍어 먹었다. 내가 느끼기엔 간장보다 찹
쌀과 더 잘 어울렸으며, 초장의 붉은 색채도 입맛을 돋우었다.

정구지 찌짐

금정산성 중턱 서문 쪽 내리막길에 있는 국숫집, 동래 방향으로의 내
리막길에 자리한 몇 군데 칼국숫집에서 파전을 주문할 때는 한 가지
비밀이 있다. 파 없는 파전을 주문하는 방법이다.

손님이 외치는 주문은 바로 "파 대신 정구지로 주이소". 그러면 앞
장에 보이는 사진처럼 정구지 찌짐이 진상된다. 대개는 오징어와 칵
테일새우 정도의 해물이 들어가지만 이 정도로도 충분히 바다의 향기
를 느낄 수 있다.

2019년 뉴욕타임스에서는 한국의 파전을 소개했다. 동래파전은 이
제 또 어디로 여행을 떠날까?

고혜림 ◆ 부산대학교 평생교육원 강의교수

주류

금정산성막걸리

식도를 따라 퍼지는 신맛과 단맛

눈이 내리면 강아지와 부산 사람이 좋아한다는 말이 있다. 그만큼 부산에는 눈 소식이 드물다. 하지만 비는 적지 않게 내린다. 부산 지역 최근 10년 연강수량은 장마와 태풍의 영향으로 약 1650밀리미터 정도로 전국적으로 보았을 때 다우지多雨地에 해당한다. 조용히 가늘게 떨어지는 보슬비가 내리건, 굵은 빗발로 세차게 쏟아지는 장대비가 내리건 주당들은 후두둑 후두둑 빗소리가 들리면 막걸리를 떠올린다.

비에 젖은 흙에서 나는 흙내음, 먹구름이 몰려와 잔뜩 흐려진 하늘이 주는 아늑함, 세상을 가득 채우는 경쾌한 빗소리. 이러한 날씨에 배가 든든한 막걸리 한 잔이면 긴장이 완화되고 마음이 풍성해진다. 여기에 타닥타닥 구운 파전까지 곁들이면 고단했던 하루의 시름을 잊고 잠시나마 행복을 느낄 수 있다.

우리의 술 역사는 아주 오래되었다. 『삼국지』 「위서동이전魏書東夷傳」에 부여, 고구려, 동예의 제천행사에서 술을 마시고 춤을 추었다는 기록이 나오는 것으로 보아 고대 부족국가 시기 이전부터 이미 술이 발달했음을 알 수 있다.

주로 쌀로 빚은 술을 마셨다. 쌀과 물, 누룩麯子을 섞은 후 발효를 거치면 쌀 양조주(발효주)가 완성된다. 쌀로 갓 만든 양조주는 색이 우유처럼 탁하고 찌꺼기도 섞여 있다. 이것이 바로 탁주다. 탁주를 가만히 두면 침전물이 가라앉아 윗부분이 맑아진다. 이 부분만 취한 것이 바로 청주다. 청주를 떠내고 나면 누룩과 고두밥알 등의 찌꺼기가 남는데 이를 술지게미라고 한다. 남은 술지게미에 물을 타서 '마구' '막' 걸러낸 술이 막걸리다. 막걸리는 청주를 만들고 남은 찌꺼기를 이용하여 만들었기 때문에 가격이 저렴하며, 청주를 떠낸 뒤 물을 탔기에 알코올 도수도 높지 않다. 하지만 곡물로 만들어서 단백질과 전분, 미네랄 성분이 풍부하여 고된 일을 하던 백성들이 마시기에 안성맞춤이었다. 특히 농민이 즐겨 마셔서 '농주農酒'라는 별명도 붙었다. 농민들은 끝없는 농사일에 고되었지만 비가 내리면 일손을 멈추고 집에서 막걸리를 마시며 쉬었다고 한다. 막걸리는 서민에게 비와 함께 찾아오는 휴식 같은 술이었다.

겨울비를 '술비'라고 한다. 농한기인 겨울은 술을 마시며 놀기 좋다는 뜻이다. 하지만 많은 사람이 농사를 짓지 않는 요즘은 술 마시고 싶을 때 내리는 비가 곧 술비이며, 내 마음에 술비가 내릴 때가 막걸리 마시기 좋은 때다.

동아시아의 곡물주

생존을 위해 먹고 마시기도 하지만 음식은 민족의 지역적 풍토와 습성, 문화 및 정체성이 담긴 중요한 요소다. 술 역시 각 지역과 민족 고유의 정체성을 드러낸다. 프랑스, 이탈리아 등 남부 유럽에서는 포도가 많이 생산돼 와인이 발달했고, 독일, 영국, 아일랜드 등 중부 유럽에서는 보리 생산량이 많아 맥주가 발달했다. 북유럽에서는 감자가 많이 나와 보드카가 발달했다. 이처럼 술은 지역 주요 농산물에 따라 다르게 발달한다.

동아시아 지역에서는 고대부터 쌀, 조, 기장과 같은 곡물로 빚은 술을 마셨다. 그중에서도 쌀 생산량이 많아 쌀을 이용한 술이 많다. 우리의 막걸리와 비슷한 동아시아의 술로는 중국의 황주黃酒, 일본의 니고리사케にごり酒, 네팔의 창Chhyang, 베트남의 껌즈어우넵cơm rượu nếp 등을 들 수 있다.

황주는 쌀이 주원료이긴 하지만 중국이 워낙 크고 각 지역마다 농산물이 달라서 기장, 흑미, 옥수수, 밀 등의 곡물을 원료로 만든 양조

주도 모두 황주라고 통칭한다. 중국 황주 중에서 가장 유명한 것은 소흥주紹興酒다. 일본의 니고리사케는 쌀과 쌀누룩으로 만들며, 막걸리보다 도수가 높다. 네팔의 창은 티베트 전통술이며 달지 않고 막걸리보다 도수가 낮다. 버터나 달걀을 넣기도 한다. 베트남의 껌즈어우넵은 찹쌀로 만들어 2~3일 동안 발효시킨다. 알코올 성분이 들어가긴 하지만 술이라기보다는 디저트에 가까우며 단오절에 먹는 명절 전통 음식이다.

산성마을을 품은 금정산성

막걸리는 서민이 즐겨 마셨는데, 남쪽으로 내려올수록 그 소비량이 많았다. 특히 남쪽 지역에서는 막걸리를 한 끼 식사 대용으로 섭취할 만큼 음식 문화에서 중요한 부분을 차지했다. 부산은 대도시인데다 인구 밀도가 높아 막걸리 제조업자와 막걸리 생산량이 모두 많았다.

부산을 대표하는 막걸리는 금정산성막걸리다. 이 막걸리는 부산의 진산鎭山, 금정산에서 생산된다. 울창한 숲과 골짜기, 기암절벽과 크고 작은 봉우리로 이루어진 금정산은 금정구, 북구와 경상남도 양산시 동면에 걸쳐 있으며 해발 801.5미터에 달하는 부산을 대표하는 산이다. 산 정상에 서서 내려다보면 서쪽으로는 낙동강 하류, 동쪽으로는 수영강과 온천천, 동래읍성, 북쪽으로는 양산이 한눈에 펼쳐진다.

이 금정산에 우리나라에서 가장 긴 산성인 금정산성이 자리하고 있다. 숙종 29년(1703)에 일본의 침략에 대비하기 위해 수축을 시작했으나 그전에도 약간의 형태를 갖추고 있었으리라 추측한다. 한때 중단되기도 했으나 순조 8년(1808) 가을에 축성이 마무리되었다. 성을 쌓기 위해 군인, 군인 가족, 노동자가 산성 안쪽으로 터를 잡고 살았는데 그 촌락이 바로 지금의 금성동金城洞, 금정산성 안동네다.

당시 금정산성을 축조하던 노동자들은 고된 노동과 배고픔에 시달렸다. 굶주린 그들을 위해 금성동 마을 아낙네들이 막걸리를 빚어 대접했는데, 그 막걸리를 맛본 이들은 후에 고향에 돌아가서도 그 맛을 그리워했다고 한다. 이때부터 금정산성막걸리는 전국적으로 입소문을 타게 되었다.

누룩꽃이 피어나는 금정산성마을

금정산성 마을은 금정산 해발 400~500미터에 위치하고 있다. 이곳은 산간 지역인데다 돌과 나무가 많아 농사지을 땅이 부족했다. 그래서 마을 주민 대다수가 누룩 빚기를 생계로 삼았다. 분지 지형이라 평지보다 기온이 4도 정도가 낮아 서늘하고 습도도 알맞다. 공기가 좋고 물이 맑아 누룩꽃(누룩종균)이 번식하기에도 적합하다. 이러한 자연조건 덕에 금정산성 마을은 맛도 좋고 품질이 좋은 누룩을 만들어낼

금정산성 마을의 금정산성막걸리 제1공장 ⓒ 이서현

수 있었다.

　하지만 누룩 제조의 역사는 그리 순탄하지 않았다. 일제강점기가
되자 집집마다 자유롭게 술을 만들던 가양주 전통을 금지하고 주류
제조 면허를 취득한 이들만 술을 만들어 판매할 수 있도록 하였다. 이
는 술에 세금을 부과해 거둬들일 주세酒稅 수입을 노리고 행해진 정책
이었으며, 주세 징수 편의를 위해 술 제조업자를 규제하여 한정하려
는 목적이 있었다. 1929년 제1차 곡자집약제를 통해 누룩 생산은 공
장식으로 전환되었고 산성마을에도 여섯 개의 누룩 공장이 들어섰다.

날마다 많은 양의 누룩이 부산 시내 열한 곳 탁주 공장으로 공급되었다. 이때가 산성마을 누룩 제조업의 전성기였다.

1932년 개인이 운영하는 누룩 공장을 통폐합하겠다는 제2차 곡자 집약제가 실시되면서 산성마을은 위기를 맞았다. 누룩 공장 여섯 곳 중 다섯 곳을 반강제적으로 폐쇄해야 했던 것이다. 당시 마을 주민의 약 80퍼센트인 200여 명이 누룩 제조로 생계를 유지했기에 이 조치는 마을의 사활이 걸린 중대한 문제였다. 주민들은 반대 운동을 펼치며 반발했으나 의견은 결국 묵살되었고 생업을 잃은 이들은 극심한 생활고에 시달려야 했다.

광복 이후 금정산성마을 주민은 다시 누룩을 제조해 판매하기 시작했다. 하지만 이미 술과 누룩에 세금을 부과하고 있던 정부에서 이를 가만히 두고 보지 않았다. 게다가 1960년 쌀 부족으로 '막걸리 제조'가 금지되면서 양조장은 문을 닫는다. 이때부터 세무서와 산성마을 주민의 누룩·밀주 단속 전쟁이 시작됐다. 세무서 단속반이 술추림(술 단속)을 하러 오면 마을 주민들은 집집마다 숨겨둔 누룩과 밀주를 들키지 않기 위해 개집이나 외양간, 변소 등에 던지거나 버리기도 하고 산 깊숙한 곳에 동굴을 파서 숨기기도 했다. 단속에 걸려 벌금을 내거나 전과자가 되기도 했다. 금정산성 누룩의 시련은 산성막걸리가 대한민국 제1호 민속주로 지정되면서 끝이 난다. 애주가였던 박정희 전 대통령이 부산에서 군수기지사령관으로 근무하면서 금정산성막걸리를 자주 마셨던 인연으로 이루어진 일이었다. 당시 양조주 제조 허가를 받지 못해 산성 막걸리가 밀주 취급을 받고 있다는 사정을 알게 된 박정희 전 대통령이 대통령령 제9444호를 통해 민속주로 지정하고 제조 허가를 내어주었다.

갖은 역경에도 주민들이 계속 누룩을 만든 것은, 누룩 제조가 그들의 생계이자 목숨줄이기 때문이다. 또한 오랜 세월 동안 마을 전체가 누룩 제조업에 함께 종사하면서 끈끈하게 공동체로 뭉쳐왔기에 역경과 고난에도 서로를 격려하며 누룩 제조의 끈을 이어갈 수 있었다.

살아 숨쉬는 금정산성막걸리

금정산성 누룩은 금정산성막걸리의 핵심이다. 한 모금 마시면 식도를 따라 상큼하고 톡 쏘는 신맛이 퍼지고 은은한 누룩 향과 단맛이 그 뒤를 따른다. 매혹적인 산미가 어우러진 금정산성막걸리 맛은 바로 전통 방식으로 제조한 누룩에서 비롯되었다. 현재 대부분의 다른 막걸리들은 1950년대 후반 일본에서 도입된 보다 간편하고 안전한 방식인, 일본식 누룩粒麴과 누룩틀을 사용해 제조된다. 이 방식을 사용하면 술을 관리하기 쉽고 대량 제조가 가능하다는 장점이 있다. 하지만 금정산성막걸리는 족타식(덧신을 신고 꾹꾹 밟아서 만들어내는 방식)으로 만들어낸 전통 누룩으로 술을 제조한다.

편리한 신식 방식을 취하지 않고 전통을 고수하는 데에는 어려움이 따른다. 한 번에 눌러 찍을 수 있는 기계식 누룩 틀을 이용하지 않고 숙련된 장인이 직접 발로 누룩을 딛는 족타식 방법은 엄청난 정성과 노력을 요구한다. 이렇게 정성스레 수백 번 디딜수록 기포가 빠지면서 서서히 수분이 건조되고 누룩 균 증식 기간은 늘어난다. 피자 도우처럼 동그랗고 납작하게 만들어진 누룩은 누룩방으로 옮겨진다. 누룩 균이 잘 흡착되려면 누룩방의 기온과 습도 조절에 각별히 신경써야 한다. 누룩방에서 잘 발효된 누룩에는 황국균, 백국균, 흑국균의 누룩꽃이 고루 피어난다. 이 곰팡이균은 자그마치 500년의 역사를 가진 금정산성마을만의 전통 누룩균이다.

500년 역사의 누룩균과 누룩, 맑은 공기와 금정산의 암반수, 적절한 기온과 습도 그리고 전통에 대한 믿음과 진심이 어우러지면 금정산성막걸리가 완성된다.

금정산성막걸리와 잘 어울리는 안주

금정산성마을은 지리적으로 염소가 자라기에 적합한 환경이어서 집집마다 흑염소를 방목하여 길렀다. 밀주를 빚어 몰래 팔다가 손님이 요청하면 염소를 도축해 팔기도 하던 것이 지금은 금정산성막걸리만큼 유명해졌다. 흑염소를 손질한 후 참기름, 마늘, 깨소금, 설탕, 후춧

흑염소 불고기와 금정산성막걸리 ⓒ이서현   도토리묵과 동래파전 ⓒ이서현

가루 등 다양한 양념을 더해 연탄불에 구우면 특유의 냄새도 나지 않고 건강에도 좋아서 많은 이가 흑염소 불고기를 찾는다. 금정산성마을에는 금정산성막걸리와 함께 파전, 도토리묵, 오리고기, 흑염소 불고기 등을 파는 음식점이 약 150여 군데 들어서 있다.

막걸리는 맛이 독하지 않고 부드럽기 때문에 양념이 너무 강하거나 국물이 많은 음식은 궁합이 맞지 않다. 막걸리의 풍미를 살리고 입안을 즐겁게 해주는 찰떡궁합 안주로는 동래파전과 더불어 도토리묵, 정구지전, 두부김치, 빈대떡 등이 있다.

금정산에 올라 금정산성을 둘러본 후 금정산성마을에 들러 맛있는 안주와 막걸리 한잔을 곁들이면 세상 모든 근심을 내려놓을 것만 같다. 음식을 다 즐긴 후 온천장 쪽으로 내려와 뜨끈한 온천물에 몸까지 담그고 나면, 속세를 초월한 신선이 된 기분을 만끽할 수 있다.

이서현 ◆ 한국해양대학교 교양교육원 전임연구원
부산대학교 중어중문학과를 졸업하고 동대학 석사학위를 받은 후 박사수료를 마쳤다. 이후 동의대학교 불교문화학과에서 『서유기』 연구로 철학박사 학위를 받았다. 전공은 중국고전소설이다. 『서유기』 속 불교적 상징의미 해석에 관심이 많으며 동시에 『금병매』의 욕망 연구도 병행하고 있다. 현재는 한국해양대학교의 교양교육을 연구 · 기획하는 업무를 담당하고 있다.

대선소주

"내랑 쏘주 한잔 안 할래?" 부산 시민의 지기지우

"내랑 쏘주 한잔 안 할래?"

부산을 배경으로 찍은 윤종빈 감독의 영화 〈범죄와의 전쟁〉에 나오는 대사다. 부산 건달 형배(하정우 분)가 중국집 주점에서 정장 차림에 넥타이를 매고 양장피, 탕수육, 마파두부와 함께 소주를 마시고 있다. 그때 부패한 부산 세관 공무원 최익현(최민식 분)이 주점에 들어서서 구구절절 사연을 늘어놓으며 형배에게 사과하며 말한다. "내랑 쏘주 한잔 안 할래?"

이 질문에 대한 거절의 표현으로 하정우 배우는 소주를 단숨에 입에 털어넣고 가글을 와그르르 한 후 꿀꺽 삼켜버린다. 이것이 그 유명한 '소주 가글'이다. 이 장면에서 하정우가 마신 소주는 부산을 대표하는 지역 소주 대선소주다. 더 정확하게 말하자면 영화가 1980년대를 배경으로 하고 있어 1982년에 출시된 선 소주Sun25를 들이켰다.

영화의 이 장면에서 대선소주 외에도 부산을 잘 통찰했다고 생각되는 부분이 있다. 바로 최민식의 대사인, "쏘주 한잔 안 할래?"다. 부산 사람은 성격이 화통하고 언어가 압축적이며 함축적이다. "쏘주 한잔 안 할래?"라는 짧은 말 속에 부산 사람들이라면 서로 공유할 만한 마법 같은 의미가 함축되어 있다. 서로 썸 타는 남녀가 오늘 무언가를 고백하기로 마음먹었다면 "오늘 쏘주 한잔하자"라는 말로 "나 오늘 너한테 고백할 말이 있어"라는 의미를 전달할 수 있다. 상사에게 욕을 먹은 직장 동료를 위로해주고 싶을 때도 거추장스러운 위로의 말 대신 "쏘주나 한잔하러 가자!"라고 말한다. "쏘주 한잔"에 함축된 의미와 압축된 감정을 풀어내자면 어마어마하고 무궁무진하다. 하지만 부산 사람들은 구구절절 설명하는 데 익숙하지 않다. 그래서 하정우 배우의 '소주 가글' 역시 길게 말하지 않고도 확실한 거절을 표현하는 부산 사람의 특징을 잘 드러내고 있다.

여기서 한 가지 의문이 든다. 왜 하필이면 소주일까? 고급스러운 양주도 있고 저렴한 막걸리도 있고 시원하게 마실 수 있는 맥주도 있는데 왜 부산 사람들은 '쏘주'를 함께 마시자고 하는 것일까? 그 해답은 소주의 쓴맛에 있다. 양주를 마시자는 것은 비싼 술을 마실 만큼 여유가 있음을 드러내고, 막걸리를 함께 마시자는 것은 비가 오니 술이 마시고 싶다는 뜻이며, 맥주를 한잔하자는 것은 간단하게 술을 마시고 싶다는 뜻이 된다. 하지만 끝맛이 쌉쌀한 소주를 누군가와 함께한다는 것은 인생의 깊은 감정을 그 사람과 공유한다는 의미다. 지금은 전반적으로 소주 알코올 도수가 많이 낮아졌지만 이전의 소주는 25~30도였다. 이렇게 독하고 쓴맛이 나는 소주를 누군가와 함께 나눈다는 것은, 단지 그와 술을 함께 마신다는 표면적 의미를 넘어서서 그 사람의 희로애락에 공감한다는 뜻이다.

부산 최고最古의 향토기업, 대선주조

부산을 대표하는 지역 소주를 생산하는 기업은 대선주조다. 1928년 12월 부산 범일동에서 큰 규모의 주류회사인 '대선양조 주식회사'로 시작했으니, 벌써 94년째 부산을 지켜온 터줏대감이라고 할 수 있겠다. 실제로 대선주조는 2012년 부산에서 가장 오래된 기업으로 부산시가 선정한 바 있으며, 대선주조에서 1940년대에 판매한 '다이야 소주'가 부산에서 가장 오래된 술로 뽑히기도 했다.

대선양조 주식회사는 부산 설립 이후 1930년대부터 전국 여섯 개 신식 소주 공장 중 소주 생산량 2위를 유지하며 전국 대표 소주 회사로 자리매김했다. 대선소주가 부산 지역의 소주가 된 것은 박정희 대통령 때 시행한 '1도道 1사社 정책' 때문이다. 1도 1사 정책이란 전국

에 난립해 있던 크고 작은 주류 업체를 통폐합해 시도별로 한 개 업체
만 소주를 생산하게 허용한 정책을 말한다. '저질 주류 생산 방지와 주
류 유통질서 확립'이라는 명분을 내세웠으나 사실상 세금의 절대적인
부분을 차지하는 주세를 편하게 걷고자 하는 속내가 있었다. 1960년
대 말까지만 해도 소주 제조장은 전국적으로 250여 개에 달하였으나
1973년 4월부터 1도 1사 정책이 시행되고 1977년에 이르면 현재와
같은 10개 업체로 축소되었다. 이 10개 업체는 서울·경기의 진로, 부
산의 대선, 강원도의 경월, 경남의 무학, 대구와 경북의 금복주, 전남과
광주의 보해, 전북 보배, 충북 백학, 충남과 대전의 금관 그리고 제주
의 한라산이다.

    1976년부터는 '자도주自道酒 의무 판매 제도'
를 실시해 소주 판매업자가 해당 영업 소재지에
서 생산되는 자도自道 소주를 50퍼센트 이상 판
매하도록 강제했다. 대선소주는 부산을 연고 지
역으로, 부산 지역 소주 시장을 장악했다. 이때
부터 대선소주는 부산을 상징하는 대표 소주가
되었다.

    1996년 헌법재판소에서 1도 1사 정책이 위
헌이라고 결정하면서 이 제도는 그해 12월 '자
도주 50퍼센트 의무 판매 제도'와 함께 폐지되었

선소주 ⓒ 대선소주

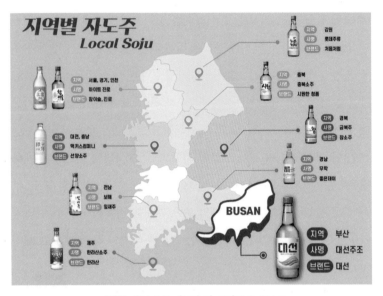

지역별 대표 소주 제조사 및 브랜드 ⓒ대선소주

다. 덕분에 지금의 소주 시장은 지역적 경계가 옅어지고 10개의 소주 회사가 서로 경쟁적으로 마케팅을 펼치며 치열한 점유율 전쟁을 벌이고 있다.

하지만 여전히 부산 소주 하면 대선이다. 주요 선거 후보자들도 부산에 오면 대선소주를 마셨다는 기사와 사진을 내보내고, 부산을 배경으로 하는 영화에서도 소주를 마시는 장면이 나오면 꼭 대선소주가 등장한다. 유튜버나 인플루언서 역시 부산에 오면 대선소주를 마신다. 시원ci소주도 인기가 좋다. 시원소주는 그럼 어디 소주냐고 묻는 분이 많은데 대선소주의 또다른 제품군이다.

술의 근대화, 희석식 소주

어느 의사가 방송에서 소주를 '희석주' '화학약품'이라고 말한 이후, 소주는 '알코올에 향이 나는 물을 탄 화학약품'이라는 누명을 쓰게 되었다. 하지만 이는 사실과 다르다. 이에 대한 설명을 위해 술의 역사를 잠시 짚어보기로 한다.

인류는 언제부터 술을 마셨을까? 정확한 시기를 꼬집어 말할 수는 없지만 아마 원시시대부터 술을 마시기 시작했을 것이라 추정한다. 나뭇잎이나 바위틈에 떨어진 과일이 고여 있다가 발효되면서 자연적으로 술이 만들어졌을 것이다. 즉 인류 최초의 술은 과일주 또는 봉밀주일 것으로 추측하지만, 정확히 확인할 수는 없다. 이후 유목시대에는 가축의 젖으로 젖술을, 농경시대에 이르면 곡식을 이용하여 곡물주를 만들었다. 이렇게 원재료를 발효시켜 만든 술을 발효주 또는 양조주라고 말한다.

발효주는 맛이 좋았지만, 아세트알데히드를 많이 포함하고 있어 숙취가 심하다는 단점이 있었다. 이에 인류는 고심 끝에 술을 한 단계 더 발전시킨다. 12세기를 전후하여 아라비아에서 전해진 증류 기술을 통해 증류주를 만든 것이다. 증류주는 아세트알데히드가 적었으며 알코올 도수가 높아 적은 양으로도 취기를 느낄 수 있었다. 우리나라에 이 증류 기술이 도입돼 증류주가 만들어진 것은 고려 중후반이며, 원나라에 의해 전해졌다. 탁주, 청주와 같은 양조주를 덧술로 하여 증류과정을 거쳐 알코올을 추출해 전통 증류식 소주를 얻을 수 있다. 우리에게 익숙한 이강주, 안동소주, 문배술 등이 모두 이에 해당한다.

조선 최초의 근대식 개항장이었던 부산은 수많은 일본인, 서양인의 발길이 이어지면서 급속도로 산업화 과정을 겪게 된다. 술도 마찬가지였다. 일본에 의해 근대화된 술이 바로 희석식 소주다. 일제의 식량 수탈이 매우 심해서 쌀이 한 톨도 들어가지 않은 소주를 만들어 마시기 시작했다. 기계를 이용한 연속 증류로 술을 만들어 당시에는 '신식 소주' 혹은 '기계 소주'라고 불렀다. 이것이 지금 초록색 병에 담겨 우리가 즐겨 마시는 희석식 소주의 전신이다. 이 희석식 소주는 녹말이나 당분이 포함된 원재료를 발효시켜 알코올분 85도 이상으로 증류한 후 물을 희석해 마시는 술을 말한다. 알코올의 농도가 매우 높기 때문에 원재료가 무엇인지 구별되지 않으며, 그렇기 때문에 저렴한 원재료를 주로 사용한다. 이때 얻어진 순도 높은 알코올을 주정酒精이라고 부르는데, 이 주정은 식물성 원재료에서 알코올만 추출한 식용 알코올이다.

독한 맛과 알코올 향 때문에 화학약품이라는 오해를 받기도 하지만 희석식 소주는 술의 근대화로 탄생한 결과물이다. 출시 당시부터 신식이라는 이유로 인기를 끌었던 소주는 지금까지도 한국인의 많은 사랑을 받고 있다.

부산 시민의 지기지우

부산포라는 작은 어촌마을에 불과했던 부산은 개항기, 일제강점기, 한국전쟁, 임시 수도 지정 등 파란만장한 역사를 거쳐 한국 제2의 도시로 성장했다. 이러한 굴곡을 지나며 부산으로 이주민과 피란민이 모여들었다. 그들은 고향에 대한 그리움, 타지에서의 설움, 끝없이 이어지는 고단한 삶의 애환을 소주를 마시며 함께 나누었다.

일제강점기부터 폭발적인 생산량 증가로 성장한 희석식 소주는 한국전쟁 후 부산이 임시 수도로 지정되면서 전성기를 이루었다. 이후 1965년 정부가 주류에 쌀을 사용하는 것을 금지하자 서민에게 사랑받던 막걸리가 큰 타격을 입는다. 이때를 틈타 신식 술인 '희석식 소주', 즉 지금의 소주가 성장하게 되었다.

소주가 막걸리를 제치고 주류 점유율 1위에 오른 것은 1970년대다. 1970년은 전태일 열사가 서거한 해이기도 하다. 1960년대부터 시작된 급속한 산업화에 따라 부산 지역에도 많은 이주 노동자가 모였다. 하지만 그들은 낮은 임금과 장시간에 걸친 노동, 열악한 환경 등으로 고통받았다. 끝없이 반복되는 고단한 삶, 희망이 보이지 않는

부산 소주의 변천사

조개구이용 해물과 대선소주 ⓒ 대선소주

삶에 대한 분노, 산업화의 도구처럼 쓰인 서민들의 삶을 위로해준 것
이 25도짜리 독한 소주였다. 값이 싸고 독해 얼른 먹고 취할 수 있으
니 잠시나마 현실을 잊고 고통을 달랠 수 있었을 것이다.

소주와 잘 어울리는 음식

소주에 어떤 음식을 곁들이면 맛있을까? 결론부터 말하자면 소주는
모든 부산음식과 잘 어울린다. 다른 술과 달리 소주는 포만감이 적어
술만 즐기는 방식으로 음용하기보다는 이야기를 나누며 맛있는 음식
과 함께 먹는 것이 가장 좋다. 안주를 먹고 소주를 한잔 들이켜면 소주
의 맛과 향이 입안을 씻어내고 음식 맛을 깔끔하게 정돈해준다.

소주와 맛있는 음식의 조합처럼 아는 사람만 아는, 대선주조만의
또하나의 매력 포인트가 있다. 부산시 사직동에 위치한 대선주조 본
사 앞마당에는 회사를 지키는 압도적으로 귀여운 존재가 있다. 바로
'대선'이라는 이름을 가진 골든리트리버. 대선이는 귀여운 외모에
영리하기까지 해서 직원의 귀여움을 독차지하고 있다.

대선주조의 마스코트인 대선이에게는 까마귀, 참새, 고양이 등 야
생동물 친구들이 있다. 이들은 모두 대선이의 밥그릇을 호시탐탐 노
린다. 까마귀와 참새 친구들이 자신의 밥그릇을 탐내어 몰래 날아와
사료를 훔쳐 먹어도 대선이는 흥분하거나 화내지 않고 대인(?)처럼

뿜어내는 털과 함께 사진 찍은 대선이
ⓒ 대선소주

친구들에게 먹거리를 양보한다.

하지만 고양이는 예외다. 고양이들은 대선이 밥을 몰래 훔쳐 먹은 후, 멀리 도망가지도 않고 딱 대선이가 쫓아오지 못할 높이의 담벼락 위에 앉아서 보란듯이 그루밍을 한다. 대선이는 고양이를 향해 짖어도 보고 잡으려고 뛰어도 보지만 높은 담장 위의 고양이에게는 미치지 못한다. 마당에서 "왕! 왕!" 짖는 소리가 나서 직원들이 나가보면 담벼락 위에서 여유롭게 대선이를 약올리는 고양이와, 고양이를 쫓지 못해 흥분한 대선이를 볼 수 있다고 한다.

이서현 ◆ 한국해양대학교 교양교육원 전임연구원

부록

식초:
생선탕에는 식초 페어링,
멸치 칼국수에도 식초 페어링

부산에서는 생선탕 옆에 늘 식초병이 자리한다. 때로는 멸치 국물 칼국수 앞에도 놓여 있다. "왜 여기 식초가 있지?" 하고 궁금해질 것이다. 바로 이때가 부산의 미각을 제대로 맛볼 기회다. 부산 어느 곳 식탁 앞에 식초가 있다면 용기를 끌어모아 식초 몇 방울을 과감하게 탕에 넣어보자. 식초 몇 방울의 도전은 눈 깜짝할 사이에 새로운 미각의 세상을 보여줄 것이다.

식초는 생선 비린내를 없앨 뿐 아니라 국물의 감칠맛을 더해준다. 단단해진 생선살에는 숙성된 세련된 맛이 감돌고 국물에는 깊은 맛이 배어난다. 왜냐하면 생선 단백질은 본래 식초의 산미와 그 궁합이 딱 맞기 때문이다.

중국에서도 단백질과 식초의 페어링을 마찬가지로 애용한다. 중국 만두인 바오즈包子나 자오즈餃子를 먹을 때, 중국 사람들은 반드시 검은 식초를 쏟아붓듯 넣어서 그 맛을 증폭시킨다. 그래야 돼지고기의 육즙과 검은 식초가 조화를 이루어 만두가 더욱 담백하고 고소해지니까.

부산 이외 지역에는 비린 맛을 잡기 위해 초간장 등의 소스를 생선탕과 함께 낸다. 그러나 부산에서는 소스 한 종지 정도로 절대 족하지 않다. 신선한 생선탕, 멸치 국물 칼국수에는 직접 확실하게 넣는 식초가 제격이다. 그러니 도전하시라! 식초와 딱 맞는 조화를 이루는 부산만의 깊고 진한 맛을.

최진아

방아:
그 향그러움 속으로

방아는 향기가 강해서 다른 풀의 향기를 모두 밀어낸다는 뜻의 '배초
향排草香'으로도 불린다. 여름이 다가온 경상도 시골집 마당 곳곳에는
방아가 가득하다. 방아는 생명력이 강해서 뒤뜰에 아무렇게나 씨를
뿌려도 곧잘 뿌리를 내리고 향긋한 냄새를 풍기며 흐드러지게 피어난
다. 중국에 고수香菜(상차이)가 있고 일본에 자소엽シソ이 있는 것처럼
한국에는 방아가 있다.

　방아 특유의 향과 알싸하고 달큰한 맛은 호불호가 갈리지만, 경상
도 지역에서 방아는 생선 비린내나 고기 잡내를 잡아주는 용도로 빠
져서는 안 되는 향신료다. 방아의 향기와 달큰한 맛은 찌짐으로도 잘
어울리는데 초여름 무성히 자라난 방아를 잔뜩 따서 구워내면 부추전

보다 더 달큰한 맛과 향이 아주 매력적이다. 어디 이뿐인가. 된장국에
도 방아가 빠질 수 없다. 된장국이 뽀글뽀글 불 위에서 끓어오를 때 방
앗잎 몇 개를 쑹덩쑹덩 썰어 된장국에 넣으면 짠 된장국도 금세 달큰
해진다.

　방아라는 이름은 박하薄荷에서 온 것으로 추정하는데 박하가 방하
로, 다시 방아로 변했다. 박하는 페르시아의 향채로, 원대에 중국에 전
해졌다고 한다. 고려시대 『박통사』에도 무, 아욱, 근대, 마늘, 부추 등
과 함께 박하를 심었다는 말이 나온다. 방아는 우리나라 전국 각지와
중국, 일본, 대만 등지에 널리 분포해 자라며, 어디서나 잘 살아남는
강한 다년생 풀이다. 하지만 넓은 분포 지역에 비해 방아를 음식으로
다양하게 즐기는 곳은 한국 경상도를 비롯한 일부 지역에 불과하다.
방아의 강한 향과 알싸한 맛은 쉽사리 접근하기 어렵지만 그 향기와
맛을 알게 되면 오히려 그 매력에서 벗어나기 어렵다. 마치 무뚝뚝하
고 투박하지만 정 깊은 경상도 사람처럼, 알면 알수록 방아의 맛과 향
기에 빠져들리라.

나도원

정구지:

부추의 또다른 이름

"사장님, 여기 파전 말고 정구지전 주세예."

"예, 해물정구지로 하까예?"

"예, 해물로 주이소!"

분명 메뉴판에 없는 메뉴임에도 익숙하게 주문하는 손님과, 또 5천 원 더 비싼 해물을 얹은 메뉴로 추천하는 사장님의 대화가 낯설지 않 다. 유년기와 학창 시절을 줄곧 부산에서 보내면서 '정구지'라는 채소 는 사시사철 식탁 위 감초처럼 함께해왔다. 심지어 초등학교 동창생 중 발음이 유사해 1년 내내 '정구지'라는 별명으로 불린 친구도 있었 다. 제사 때마다 올라오던 정구지 찌짐도 있다. 그리고 아무래도 '전' 보다 '찌짐'이라는 이름이 더 익숙하기도 하다.

셰익스피어는 말했다. "이름이 다 무슨 소용인가. 장미는 다른 이름으로 불려도 향기로울 것이 아닌가"라고. 부추 역시 부추든 정구지든 그 특유의 알싸한 향과 싱그러운 빛깔은 달라지지 않는다. 다만 경상도 말로 부를 때 그리움과 손맛 그리고 추억 한 스푼을 더한 느낌이라고나 할까.

사골과 고기를 우려낸 국과 탕의 국물이 인고의 시간을 담는다면, 밭에서 이제 막 뛰쳐나와 상 위에 올라온 생부추는 살아 숨쉬는 지금의 시간을 품고 있다. 시간을 견딘 존재와 순간을 품은 존재가 포개지며 전해주는 풍부한 미각이 결국 또다시 부추를 찾게 만든다.

원기 회복에 좋다는 부추는 식감이나 향 측면에서 아무래도 자기 주도적인 면이 있다. 자극적이리만치 짙은 향을 풍기며 어디를 가도 자신의 존재감을 드러내고 쉬이 자리를 양보하지는 않는다. 어찌 보면 미미한 향신료의 일종이면서도 빠지면 섭섭하고 있으면 주변을 더욱 풍성하게 도와주는 경상도 사람들의 마음과도 언뜻 닮은 듯하다.

부산의 국탕 요리에는 주로 정구지무침이 함께 나온다. 액젓과 고춧가루로 대충 버무리듯이 무친 정구지무침은 거의 날것에 가까운 조리법으로 정구지 원래의 향취를 그대로 살려서 만든다. 주요리에 곁들여 산뜻한 식감을 더한다. 익혔을 때 색이 바로 변해버리기에 가능한 한 생무침으로 바로 먹기를 권한다.

고혜림

제피:
알싸한 그 향기

경상도에서 매운탕이나 추어탕을 먹을 때 빠뜨리지 않고 하는 말이 있다.

"아지매, 제피가루 주세요."

경상도에서 제피 또는 초피라고도 부르는 제피는 알싸하고 향긋한 향이 생선의 비린내를 잡아주고 살균 작용이 있다. 제피의 열매보다는 열매를 감싸는 껍질을 말려서 가루로 만들어 향신료로 사용한다. 횟집에서 매운탕이 보글보글 끓여 나올 때 제피가루는 식탁 위 유리병이나 작은 항아리에 담겨 있다. 어린 시절 매운탕이나 추어탕을 먹기 전 아버지가 팍팍 뿌리던, 박카스 유리병에 들어 있던 가루의 정체가 바로 제피가루였다. 횟집에서 회를 먹고 난 뒤 뜨끈한 매운탕이 나오면 향긋한 제피가루의 향이 피어오른다. 그 밖에도 경상도에서는 제피잎을 따서 고추장 장아찌로도 만들어 먹는데 알싸한 향이 어우러져 맛깔스럽다.

한국에서 최근 유행하는 중국 음식인 마라탕 또는 사천식 훠궈火鍋의 얼얼한 맛은 열매 통째로 국물에 넣은 제피 때문이다. 제피는 약재로도 쓰이는데 과량 섭취하거나 임산부에게는 부작용이 있을 수 있으므로 적당량만 넣어야 한다.

유소희

멸치:

기장 멸치의 새로운 변신

매년 4, 5월 봄이 되면 부산시 기장군 대변항에서는 기장 멸치축제가 개최된다. 남해와 더불어 우리나라 멸치 생산량의 대부분을 차지하는 지역답다. 1인당 생선 섭취량 세계 최고를 자랑하는 한국에서 멸치가 차지하는 비중은 작지 않다. 일상적으로 가장 쉽게 접하는 생선이 멸치이기도 하다. 그러나 우리 조상들은 조기, 대구나 명태 등을 선호했기에, 멸치가 처음부터 귀한 대접을 받은 건 아니다. 밴댕이 맛과 유사한데다 어획량이 풍부해 멸치젓이 밴댕이젓을 대신하면서 조선 후기부터 멸치잡이가 성행했다고 한다. '멸아鱴兒'(김려, 『우해이어보』), '추어鯫魚' 혹은 '멸어鱴魚'(정약전, 『자산어보』) 등으로 불리던 멸치는 큰 그물을 치면 어망 가득 잡혀, 즉시 말리지 못하면 부패하기에 거름으로 사용되기도 했다. 그러다 일제강점기를 거치면서 일본의 수요를 맞추기 위해 어획량이 크게 늘어나면서 국내 수요도 증가한다.

그물망을 이용하여 바다에서 잡아 뭍으로 이동한 뒤 그물을 터는 방식으로 잡아올리는 대변항의 멸치는 크기가 크고 몸통이 굵은데다 기름져 다양한 형태로 조리해서 먹는다. 일반적으로 멸치는 액젓이나 국물내기용, 혹은 멸치볶음과 같은 밑반찬으로 사용되는데, 대변항에서는 멸치회, 멸치 쌈밥, 멸치찌개, 멸치 튀김과 구이 같은 음식을 대표로 내세우는 음식점을 많이 볼 수 있다. 제철 멸치는 훌륭한 요리가 된다.

요즘은 이 멸치를 이용하여 새로운 요리를 시도하는 이도 있다. 서양에서 파스타나 샐러드 등에 이용하는 앤초비를 한국의 기장 멸치로 만든 것이다. 기장군 죽성리에 그런 요리를 내는 레스토랑이 있는데 음식 맛이 훌륭하다. 멸치젓을 소스로 활용한 햄버거에서는 비릿하지 않은 감칠맛이 느껴진다. 역시나 기장 멸치로 만든 샐러드 위에 올라간 볶은 잔멸치의 식감은 독특하면서도 고소하다. 우리에게 익숙한 기존 요리에 새로운 시도가 더해지면서 대변항의 멸치는 지금도 작은 체구에 다양한 쓰임새를 뽐낸다.

성옥례

부산미각

돼지국밥부터 꼼장어까지, 살아 있는 의리의 맛

ⓒ 최진아 김명구 김경아 외 2024

1판 1쇄 2024년 5월 3일 | 1판 2쇄 2024년 6월 13일

지은이 최진아 김명구 김경아 외
기획 · 책임편집 구민정 | 편집 임혜지 이경록 | 디자인 이현정
마케팅 정민호 서지화 한민아 이민경 안남영 왕지경 정경주 김수인 김혜원 김하연 김예진
브랜딩 함유지 함근아 고보미 박민재 김희숙 박다솔 조다현 정승민 배진성
저작권 박지영 형소진 최은진 서연주 오서영
제작 강신은 김동욱 이순호 | 제작처 더블비(인쇄) 신안제책사(제본)

펴낸곳 (주)문학동네 | 펴낸이 김소영
출판등록 1993년 10월 22일 제2003-000045호
주소 10881 경기도 파주시 회동길 210
전자우편 editor@munhak.com
대표전화 031) 955-8888 | 팩스 031) 955-8855
문의전화 031) 955-2696(마케팅) 031) 955-2671(편집)
문학동네카페 http://cafe.naver.com/mhdn | 트위터 @munhakdongne | 인스타그램 @munhakdongne
북클럽문학동네 http://bookclubmunhak.com

ISBN 978-89-546-5044-1 03900

WWW.MUNHAK.COM